JUAN MUÑOZ

THE NATURE OF VISUAL ILLUSION

18. marts – 18. juni 2000
Louisiana Museum for moderne kunst

18 March – 18 June 2000
Louisiana Museum of Modern Art

Udgivet i anledning af udstillingen
JUAN MUÑOZ
18. marts – 18. juni 2000

Published on the occasion of the exhibition
JUAN MUÑOZ
18 March – 18 June 2000

Udstillingsleder/*Curator*: Steingrim Laursen
Assisterende udstillingsleder/*Assistant curator*: Jens Henrik Sandberg
Udstillingsassistent/*Curatorial assistant*: Eva Lund
Katalogredaktion/*Editorial board*: Åsa Nacking (redaktør/*editor*),
Lise Kaiser og/*and* Steingrim Laursen
Oversættelser/*Translations*: Hans Christian Fink, James Manley
og/*and* Annette Mester
Grafisk tilrettelæggelse/*Graphic design*: Steen Heide
Tryk og repro/*Printing and lithography*: Grafodan Offset ApS

Fotografer/*Photographers*: Attilio Maranzano og/*and* Strüwing (p. 31, 32-33)

Distribution:
Louisiana, 3050 Humlebæk, Danmark/*Denmark*
tel: +45 49 19 07 19
fax: +45 49 19 35 05
e-mail: museumshop@louisiana.dk

ISBN 87-90029-45-3

Nykredit
Hovedsponsor for Louisianas udstillinger 2000
Main sponsor of Louisiana's exhibitions 2000

INDHOLD / CONTENTS

FORORD

Af
Steingrim
Laursen

De fleste af Louisianas besøgende vil allerede være bekendte med den spanske kunstner Juan Muñoz gennem to markante værker fra museets permanente samling: *Halvcirkel* fra 1997, en skulptur bestående af en gruppe kinesere, som er opstillet i en åben cirkel med ryggen mod beskueren – foruroligende, indelukkede personer i en situation, der opfordrer til mange fortolkninger – samt *Neals sidste ord*, ligeledes fra 1997, som er en mand, der står lænet op mod et spejl i en ordløs dialog med sit alter ego. Til denne udstilling kompletteres disse med et nyproduceret værk, den tematisk beslægtede og omfattende installation *Mange gange*.

Udstillingen handler om det, der er anderledes, det fremmede og det uvante. Det, som vi ikke rigtig kan placere, eller som vi ikke rigtig ved, hvordan vi skal forholde os til. Den handler om vore egne fordomme, restriktioner og blokeringer i mødet med det eller dem, der er anderledes end os selv. For at illustrere denne følelse af magtesløshed, som kan ramme os i mødet med andre, har den spanske kunstner Juan Muñoz taget den kinesiske mand som udgangspunkt.

Efter Francos fald kunne de spanske kunstnere igen udtrykke sig frit. Skarer af kunstnere, som havde været holdt nede af systemet, udstillede både lokalt og internationalt med den naturligt heftige kraft, som udløses, når kræfterne pludseligt får frit spil. Nu et par decennier efter disse eksplosive udladninger har den yngre spanske kunst udkrystalliseret sig i en lille gruppe, som har opnået international anerkendelse for deres kunstneriske gennemslagskraft.

Udstillingen er blevet til i et nært samarbejde med kunstneren selv, hvilket ikke mindst er væsentligt, da Juan Muñoz som oftest i arbejdsprocessen tager særligt hensyn til stedets og rummets specifikke udtryk. I sine tidligere værker viser han et omfattende kendskab til den store spanske kunstneriske fortid, hvilket blandt andet gør sig gældende i *Mange gange*. I dette værk findes en direkte reference til den kunstner, der når tættest ind på det spanske væsen i sit værk, med en hilsen til loftsfresken i Francisco de Goyas gravkapel San Antonio de la Florida ved Madrid, hvor Goya fyldte kuplen med personer langs en stenbalustrade. På samme måde har Muñoz i Louisianas rum konstrueret en balkon beregnet til skulpturerne, og han udfordrer dermed beskueren i en dyst om, hvem der er subjekt, og hvem der er objekt.

En varm tak til Juan Muñoz for den store energi, han har lagt i udstillingsprojektet. Ideen til udstillingen er opstået gennem en lang og kreativ dialog og realiseret ved et forbilledligt samarbejde, hvor der har været trukket store veksler på kunstnerens tid og hans kreative tankegang. Marian Goodman fra Marian Goodman Gallery i New York takkes for praktisk hjælp, ligesom Iberia takkes for et godt samarbejde. Desuden takker vi Nykredit, som er hovedsponsor for Louisianas udstillinger i 2000.

PREFACE

*By
Steingrim
Laursen*

Most visitors to Louisiana will already be familiar with the Spanish artist Juan Muñoz thanks to two striking works in the museum's permanent collection: *Half Circle* from 1997, a sculpture consisting of a group of Chinese arranged in an open circle with their backs to the observer – disturbing, literally inward-looking or closed-in people in a situation that invites many interpretations – and *Neal's Last Words*, also from 1997, which is a man who stands leaning against a mirror in a wordless dialogue with his alter ego. For this exhibition these are being complemented with a recently produced work, the thematically related large installation *Many Times*.

The exhibition is about what is different, the alien and the unfamiliar; What we cannot quite place, or do not quite know how to relate to. It is about our own prejudices, restrictions and blocks in the encounter with things or people different from ourselves. To illustrate this feeling of helplessness that can overcome us in the encounter with others, the Spanish artist Juan Muñoz has taken the Chinese man as his point of departure.

After the fall of the Franco regime the Spanish artists were again able to express themselves freely. Hosts of artists who had been suppressed by the system exhibited both locally and internationally with the natural force that is released when energy is suddenly given free rein. Now, a few decades after these explosive discharges, recent Spanish art has solidified into a small group of artists who have won international recognition for their artistic impact.

The exhibition has been created in close collaboration with the artist himself, which is particularly important since in his working process Juan Muñoz usually pays special attention to the specific expressiveness of the place and the space. In his earlier works he shows comprehensive knowledge of the great Spanish artistic past, as is evident for example in *Many Times*. In this work there is a direct reference to the artist who comes closest to the essence of the Spanish in his work, with a nod to the ceiling fresco in Francisco de Goya's funeral chapel San Antonio de la Florida near Madrid, where Goya filled the dome with people ranged along a stone balustrade. In the same way Muñoz has constructed in the Louisiana space a balcony intended for the sculptures, thus challenging the spectator to a contest over who is subject and who is object.

Our warm thanks to Juan Muñoz for the great energy he has devoted to this project. The conceptual framework for the exhibition grew out of a long and creative dialogue with the artist, and the realisation of it owes much to a collaboration drawing heavily on his time and creative thinking. We also thank Marian Goodman of the Marian Goodman Gallery in New York for her assistance in practical matters, and Iberia for their co-operation. Our further thanks go to Nykredit, the main sponsor of exhibitions at Louisiana throughout the year 2000.

HEN TIL TORVET OG TILBAGE IGEN

Af Adrian Searle   (En hyret guide – Gåturen til torvet – Noget mærkeligt sker)

”Jeg vil overraske og forbløffe Dem,” sagde min guide, mens han greb fat i min arm og så mig indtrængende i øjnene. Jeg havde hyret ham samme morgen blandt den flok, der tilbyder sig som guide for en dag uden for mit hotel. Den ene kunne være lige så god som den anden, og han havde været den første til at henvende sig.

Vi var standset op på et hjørne af den travle gade, hvor en lavtrinet trappe førte ned fra hovedstrøget. For enden af trappen var der en ussel, lille passage mellem nogle forfaldne bygninger. Jeg havde passeret dette sted mange gange på mine spadsereture alene, men aldrig lagt mærke til det og heller ikke vovet mig ned i smøgen. Det var ikke et sted, hvor en fremmed ville vandre rundt, hvis han var ved sine fulde fem.

Til forskel fra de omkringliggende gader – hvor der sad mænd i hver døråbning, hvor kvinder og børn og knallerter og cykler og æsler og en gang imellem en lastbil konkurrerede om den smule plads, der var mellem de åbne værksteder ud mod fortovet, frugthandlerne, slagterne, tøjsælgerne og dem, der falbød enhver form for vare, man overhovedet kunne forestille sig – lå trappen et øjeblik forladt og stille hen.

Jeg skal sige dig, hvor det var: Lige bag ved en butik jeg havde bemærket, hver gang jeg kom den vej forbi, en butik, hvor indehaveren, ligesom alle de andre, enten stod ved siden af indgangen med armene over kors og så ud på gaden, eller indenfor i snak med sine kammerater i det spartanske rum. Det særlige ved hans butik var det fuldstændige fravær af det enorme og tilfældige sammensurium af ting, som kendetegner, hvad man både kunne kalde byens stil og dens substans. Hans butik indeholdt ikke andet end et gammelt træbord. På bordet stod en tallerken og på tallerkenen et enligt æg. Jeg kan ikke være sikker på, om tallerkenen var revnet og ægget uvasket, med en blodplet og et løst kyllingedun klæbende til sig, men når jeg tænker på det nu, ser jeg det hele med fotografisk klarhed – hver en hvirvel i bordet, æggets enkle almindelighed, selv stænkene på mandens forklæde. Det var der, det var; Det er det, jeg kan huske. Hvis jeg bare kunne finde den butik igen, ville jeg sikkert finde trappen og smøgen, med eller uden min guide. Bare find æggesælgeren, så er vejen givet.

Smøgen var for smal selv til en cykel. Hvis en fremmed kom gående den modsatte vej, ville man blive nødt til enten at vende om eller presse sig fladt op mod muren med undskyldende grimasser og lade fyren stryge så tæt forbi, at man ville være bange

TO THE SQUARE AND BACK

(A hired guide – The walk to the square – A curious thing occurs)   *By Adrian Searle*

"I want to startle and astonish you", said my guide, grabbing my arm and looking intently into my eyes. I had engaged him that morning from the gaggle who offer themselves for daily hire outside my hotel. There was nothing to choose between them, and he'd been the first to make his approach.

We had stopped at a corner in the busy street, where a flight of shallow steps ran down from the main thoroughfare. At the foot of the steps was a squalid little passage between ruinous buildings. I had passed this place a dozen times when out strolling alone, yet never taken note of it, nor ventured into the alley. It was not the kind of place a stranger would wander if he had his wits about him.

Unlike the streets about, where men sat in every doorway, where women and children and mopeds and bicycles and donkeys and the occasional truck competed for what space there was between the workshops open to the pavement, the fruit sellers, the butchers, the clothes-merchants and sellers of every kind of goods one could possibly imagine, the flight of steps was, for a moment, deserted and still.

I'll tell you where it was: Just beyond a shop I'd noticed each time I'd passed that way, a shop where the vendor stood, like all the others, beside the entrance, arms crossed, looking out onto the street, or inside, talking with his cronies in the sparse interior. What distinguished his little shop was the complete absence of the vast and random accumulation of objects which characterise what one might call both the style and the substance of this city. His shop contained nothing but an old wooden table. On the table was a plate and on the plate, a single egg. I cannot confirm that the plate is cracked, the egg unwashed, with a fleck of blood and a stray bit of chicken's down stuck to it, but thinking of it now I see it all with a photographic clarity – every whorl of the table, the homely plainness of the egg, even the spatterings on the man's apron. That's where it was, that's what I remember. If I could only find that shop again, I'd be sure to find the steps and the alley, with or without my guide. Just find the egg seller, and the way is certain.

The alley was too narrow even for a bicycle. Should one meet a stranger coming the other way, one would be forced to turn back, or to flatten oneself against the wall and, miming apologies, allow the fellow to brush past with such intimacy that one

for at miste sin pung, eller endog sit liv. Men ingen kom, og jeg fulgte pligtskyldigt efter min guide, som gik med sikre skridt og ikke en eneste gang så sig tilbage. Jeg så kun murene til hver side, hans ryg foran mig og en tynd stribe himmel ovenover, uendelig fjern. Der var mere lugt end lys, murene var grimede af snavs, og den snævre gyde krummede sig så meget, at man aldrig kunne se mere end et par skridt frem.

Omsider nåede vi frem til et sidste knæk i smøgen. Jeg mærkede en svag brise, luften blev lettere, og lige med ét tumlede vi ud i et hav af lys og bevægelse. Lyset splintrede stenene under vores fødder, himlen stod blank og tom over os. Jeg havde opholdt mig i byen en uge, men var aldrig på mine mange gåture kommet til dette torv. Jeg troede, jeg kendte alle byens indfaldsporte og vidste, hvad der lå mellem dem.

Jeg kunne ikke mindes nogen omtale af dette torv i guidebøgerne, heller ikke i alle rejseberetningerne og kommentarerne. Og slet ikke i bogen skrevet af den anonyme forfatter, som tilbragte en vinter her i 1872, syg og med hjemve, mens han ventede på at modtage sine papirer fra en eller anden obskur embedsmand, som præsenterede den rejsende for utallige undskyldninger, forsinkelser og bortforklaringer. Forfatteren, som tydeligvis var en følsom, intelligent og udspekuleret mand, hvis bog er berømt både for hans iagttagelsers klarhed og for hans monumentale selvransagelse, havde masser af tid. Han havde frihed til at studere, og i beskrivelsen af hans daglige iagttagelser er bogen fuld af indgående og lærde detaljer. Læs ham, og byen bliver vakt helt og fuldstændigt til live. Men De husker måske, at denne bog – den eneste han nogensinde skrev, så vidt jeg har kunnet erfare – efterhånden vinder i kuriositet, hvad den mister i objektivitet: Hans beskrivelser af hverdagslivet, af adfærd, skikke, historie, klædedragt og spisevaner blander sig med hans til at begynde med morsomme, siden hen irritable og til slut trættende tirader mod den enkeltperson, hvis forhalinger og efterladenhed – som forekom forfatteren at grænse til ondskabsfuldhed – holdt ham fanget der så længe.

Så uge efter uge ventede den rejsende på at modtage sit pas, tilbørligt underskrevet og bevidnet. Måneder gik. Forfatterens frustration når en sådan grad, at han til sidst er nødt til at lukke sig inde på sit værelse, og hans bog fortaber sig i vilde, drømmeagtige fantasterier. Han bukker under for den forståelige vildfarelse, at han allerede er ankommet til en helt anden by, hvis sprog det ikke lykkes ham at lære, hvor meget han end anstrenger sig, og hvis stadig mere latterlige og labyrintiske sædvaner han kun kan forbryde sig mod, hvad han end gør. De er et produkt af hans egne forvildede tanker. Man kunne sige, at han så sandelig fortsatte sin rejse, men ind i et indre

would be in fear of one's wallet, even of one's life. But no-one came and I dutifully followed my guide, whose pace never faltered and who never once looked back. I saw only the walls to either side and his back before me, a thin strip of sky above, immeasurably distant. There was more smell than light here, the walls grimy, the curve of this pinched and winding lane so pronounced that one could never see more than a few steps ahead.

At last we reached a final, dog's leg turn. I felt the faintest breeze, a lightening of the air, and at once we found ourselves stumbling into brightness and movement, the stones beneath our feet shattered with light, the clean blank sky above. I had been in the city a week, yet never once in all my wanderings arrived in this piazza. I imagined that I knew each of the city's gates, and what lay between them.

I could recall no mention of this square in the guidebooks, nothing in all the traveller's tales and commentaries. Nothing whatever in the pages of the anonymous author who spent a winter here in 1872, homesick and ill, awaiting his papers from some obscure official who presented the traveller with innumerable excuses, delays and obfuscations. The writer, a man of evident sensitivity, intelligence and guile, the fame of whose book rests in both the clarity of his observations and in his monumental introspection, had time on his hands. He had the leisure to study, and his book is filled with the detailed and erudite minutiae of his daily observations. Read him, and the city comes to life with the most absolute vividness. Yet, you may remember, this volume – the only one he ever wrote, so far as I have been able to discover – later gains in curiosity what it loses in objectivity: His descriptions of everyday life, of manners, customs, history, costume and diet are interspersed with his at first amusing and later splenetic and ultimately tiresome rants against the sole indi-vidual whose dilatory carelessness, which seemed to him to border on malevolence, kept him here for so long.

So the traveller awaited the arrival of his passport, appropriately signed and countersigned, for week after week. Months went by. The author's frustration reaches such a pitch that he is ultimately confined to his room, and his book degenerates into a phantasmagoria of wild imaginings. He succumbs to the perhaps understandable delusion that he has already arrived in an entirely different city, whose language he fails to learn despite his every effort, and whose customs, which grow more and more ludicrous and labyrinthine, he can do nothing but offend at every turn. They are the product of his own ravings. One could say that he had indeed continued on his

domæne, hvor hans barndomsvenner, hans familie og skolekammerater, hans tilfældige bekendtskaber og rivaler inden for den lærde verden havde antaget skikkelse af kinamænd eller udsendinge fra et ukendt Østen. Deres skikke forekom ham komplet mærkelige og uigennemskuelige, og de betragtede ham efterhånden som en yderst utiltalende indtrængende, hvis tilfældige tilstedeværelse dér var årsag til ubehag for dem, i lige så høj grad som den tydeligvis var for ham selv. Han endte med at tro, at han rent faktisk var usynlig, at han levede uset iblandt dem. Kun ved den yderste viljeanstrengelse lykkedes det ham at genvinde sine kræfter og endnu en gang begive sig ud, finde embedsmanden, omsider få sit pas i hånden og drage af sted.

At slippe væk, først fra værelset og derefter fra byen, lykkedes efter en lang, svær tid i dette værelse, hvor han kunne stå foran spejlet, time efter time, mens han fremsagde sit navn for sig selv og prøvede forskellige navne, ligesom man prøver hatte, indtil han fandt et, der passede. Hvilket navn det var, af alle de mulige på alle de sprog han kendte, får vi aldrig at vide.

Jeg kunne ikke mindes noget, som antydede, at der eksisterede et sted så imponerende og centralt for byens liv som dette store torv. Det var en vældig, indelukket plads, af stor enkelhed og strenghed, omgivet af lave bygninger på tre til fire etagers højde. Passagerne, der førte ind til og væk fra torvet, var på ingen måde storslåede, og bygningerne så ud, som om de var skyllet op på udkanten af torvet, en tilfældig snarere end en planlagt del af dets udformning.

I det øjeblik jeg først så det, forekom torvet mig at være verdens ansigt, vendt mod himlen som ansigtet på en fredeligt sovende mand på en mark. Og når jeg tænker på min guide, hvis navn jeg aldrig fik fat i – skønt jeg er sikker på, at han nævnte det for mig, da jeg gav ham mønten – blander hans ansigtstræk sig med mit indre billede af embedsmanden i bogen, et billede, jeg allerede havde dannet mig, da jeg første gang læste bogen på min lange rejse til denne by. Stående i udkanten af torvet så jeg bogen for mig, med dens skarlagensrøde indbinding og London-bibliotekets stempel, sammen med alle de andre bøger på bordet under vinduet i min opholdsstue på hotellet.

På selve torvet myldrede folk frem og tilbage. De talte sammen i små klynger, stod parvis og alene, rykkede tæt sammen for at betragte en eller anden uset genstand for deres opmærksomhed. Det så for mig ud, som om de alle ventede på, at noget skulle ske. Men der var mere aktivitet på torvet, end jeg før havde bemærket. Mens jeg stod og iagttog den plaprende, livlige trængsel af mennesker, lagde jeg mærke til, at

journey, but into some interior dominion in which childhood friends, his family and school fellows, his chance acquaintances and rivals in scholarship, assumed the guise of Chinamen, or the emissaries of an unknown Orient. Their habits were utterly strange and opaque to him, and they came to regard him as the most worthless interloper, whose accidental presence here was as much a cause of discomfort to themselves as it so patently was to him. He came, towards the end, to believe that he was in fact invisible, unseen in their midst. Only the most profound exercise of his will enabled him to recover his strength and venture out once more, to seek out the official, and to finally hold the passport in his hand and take his leave.

His escape, first from the room and thence from the city, he achieved after a long siege in that room of his, where he would stand, hour upon hour, at the mirror, reciting his name to himself, and trying on names, like hats, until he found one that suited. Whichever name it was, amongst all the possible names in all the tongues with which he was familiar, we never learn.

There was nothing I could recall to indicate that a place so impressive and central to the life of the city as this great square existed. It was a vast yard of great plainness and austerity, with low buildings, no more than three or four storeys high at most, around its perimeter. The entrances and exits to the square lacked any grandeur, and the buildings seemed washed-up on the edges of the piazza, incidental to it, rather than part of its design.

The square felt at that moment when I first encountered it like the face of the world, turned to the sky like the face of a man peacefully asleep in a field. And when I think of my guide, whose name I never caught – although I'm certain he told me it when I offered him the coin – his face merges with my mental image of the petty official in the book, an image I had already formed, as I read the book for the first time during my long journey to this city. Standing at the margin of the square, I pictured the book, the scarlet binding embossed with the London Library stamp, along with all the other books on the table under the window, in my sitting room back at the hotel.

In the square itself, numerous people went this way and that. They talked in groups, stood in couples and alone, gathered in tight knots to watch some unseen focus of their attention. It appeared to me that they were all waiting for something to occur. But there was more activity in the square than I had at first observed. Watching the chattering, milling throng, I noticed that people were forever going from one spot to

folk hele tiden gik fra det ene sted til det andet, gav hinanden hånden, lagde armene om livet på hinanden og slap igen, sluttede sig til først den ene gruppe, så den anden, hastede af sted som til en vigtig aftale, hvorefter de standsede op, blot for at sætte sig i bevægelse igen og vandre formålsløst omkring i mængden, som havde de helt glemt, hvorfor de havde travlt. Jeg så folk sætte farten op og ned, gå hen til og forbi hinanden, dreje omkring og vende tilbage, le, fordi det var dumt, eller fordi de netop i det øjeblik genkendte en ven, og smile til fremmede, som de tilfældigt var stødt ind i. Al denne forening og afsked, berøring og træden til side, hilsen og undvigelse, samling og spredning, var konstant, uophørlig, endeløs i sin tilsyneladende tilfældighed.

Jeg spekulerede på, om al denne formålsløse vandren omkring udgjorde et mønster på stedets mentalitet og forstod i ét nu årsagen til vor anonyme forfatters egen tøven, det endeløse samspil af tid og rum, hvor den ene betydning hober sig oven på den anden, hvor årsag og virkning fortaber sig i en gåde, hvis svar ikke findes i en enkelt løsning, men i erkendelsen af dens uudgrundelige, omskiftelige karakter. Mens jeg stod som hypnotiseret af menneskemængden, spurgte jeg mig selv, om ægtemændene mon vendte hjem til deres koner hver aften, eller om de tog til en helt anden adresse og slog sig ned hos fremmede. Jeg spurgte mig selv, om børnene mon overhovedet vidste, hvilken familie de tilhørte, eller om de slet ikke tog sig af, at de aldrig kunne finde hjem igen efter en skoledag, og simpelthen drog af sted hver aften for at slutte sig til en ny og stadig skiftende konfiguration af voksne og søskende. Jeg spurgte mig selv, om alle måske var helt uberørte af den almindelige ængstelse og smerte, der er forbundet med adskillelse, eller om hengivenhed og tilknytning blot var et spørgsmål om daglige tilfældigheder og bekvemmelighed; Om kærestepar mon nogensinde kyssede den samme person to gange; Om de døde blev holdt i ære af dem, som havde kendt dem; Om de skyldige kom i fængsel eller ved retssagens afslutning endte med at sidde i dommersædet. At sige "vi ses på torvet" betød måske kun, at et eller andet møde uundgåeligt ville finde sted, men at ingen vidste mellem hvem, eller hvornår, eller hvad følgerne af dette uforudsete rendezvous ville være, hvis det overhovedet havde nogle særlige følger.

Jeg stod og betragtede det hele. Jeg vovede mig et stykke frem over pladsen. Jeg gik rundt om og ind mellem folk. Jeg vendte mig om for at sige noget til min guide, men han var forsvundet. Jeg syntes, jeg så ham stå lidt længere væk i samtale med en gammel mand, der tegnede i støvet med sin stok. Guiden vendte blikket i min retning, men jeg kunne se, at han ikke så mig. Det var, som om jeg ikke var til stede. Og så tænkte jeg – måske er det ikke ham. Jeg blev usikker. Skulle jeg smile eller ej? Det var

another, shaking hands and grasping waists and letting go again, joining first one group and then another, rushing off as though towards some urgent appointment, and then pausing, only to set off again, to wander aimlessly amidst the crowds, as though they'd quite forgotten the reason for their hurry. I watched people doubling and redoubling about one another, turning and returning, laughing at the stupidity of it, or laughing because they'd at that moment recognised a friend, and smiling to strangers whom they'd accidentally bumped into. All this joining and leaving, touching and sidestepping, meeting and avoiding meeting, gathering and dispersing was constant, unceasing, interminable in its apparent randomness.

I wondered if all this pointless ambulation provided a model of the local mentality, and understood in a flash the cause of our anonymous author's own delay, the endless negotiations of time and space in which meaning is piled on meaning, cause and effect lost in some riddle whose answer lay not in one single solution but in the understanding of its unfathomable variability. Mesmerised by the crowd, I asked myself whether husbands returned to their wives each evening, or whether they went back to some completely different address, to take up residence with strangers. I asked myself whether children even knew which family they belonged to, or were quite unconcerned that they could never find their way home after a day at school, and simply went off each evening to join a new and ever-changing configuration of adults and siblings. I asked myself whether all might be entirely indifferent to the commonplace anxieties and agonies of separation, or whether affection and affiliation were merely a matter of daily contingency and convenience; Whether sweethearts ever kissed the same person twice; Whether the dead were honoured by those that knew them; Whether the guilty man went to jail, or might find himself on the judge's throne by the end of the trial. To say "I'll meet you in the square" might mean no more than that some kind of encounter would indeed inevitably occur, but that no-one knew between whom, or when, or what the consequence of that unforeseen assignation might be, if it had any noticeable consequence at all.

I stood and watched. I ventured a little way across the stones. I walked amongst and between the populace. I turned to speak to my guide but he had slipped away. I thought I saw him a little way off, talking to an old man who drew in the dust with his stick. The guide looked in my direction but I perceived that he didn't see me. It was as though I wasn't there. And then I thought – perhaps it isn't him. I was filled with uncertainty. Should I smile or not? It was like seeing an old intimate whom one no longer speaks to, or has decided that some complicated enmity has come

som at se en gammel ven, man ikke længere taler med, eller om hvem man tror, at et eller andet kompliceret, gensidigt uvenskab er opstået. Det efterlader én i en frygtelig forvirring. Man ved ikke, hvad man skal stille op med sit ansigt, hvordan man skal stå, hvordan man skal virke afslappet og uberørt. Jeg lagde armene over kors og lod dem falde igen. Foldede hænderne på ryggen og løsnede dem, klappede mig på lommerne, ledte efter mit bykort, som jeg ikke kunne finde, og tog i stedet mit lommetørklæde frem og tørrede ansigtet. Lagde lommetørklædet i en anden lomme og så på mit ur. Med hver gestus mistede jeg lidt mere af fatningen. Jeg skævede igen over mod manden, som jeg fejlagtigt havde taget for min guide, og så, at han var forsvundet.

For mit indre blik dukkede et lynfoto af mit bord og mine bøger op – kortet over byen lå ved siden af dem – og i det samme slog den tanke mig, at jeg aldrig ville finde vej tilbage til mit hotel uden hjælp. Alle de ubestemmelige stræder bag mig lignede hinanden, bøjede alle sammen af fra pladsen i sære, skrånende vinkler og dannede et sammensurium af spærrede udsyn og flerdobbelte hjørner, som om de var havnet der mod deres vilje, havde ønsket at vende om eller helt undgå torvet og med stort besvær var blevet omdirigeret til dette sted, stik modsat deres oprindelige kurs mod et andet bestemmelsessted. Jeg stod ved udmundingen af et floddelta, som jeg på ingen måde kunne navigere i, og vendte mig igen mod den åbne plads.

Jeg prøvede at se ligeglad ud. Det var et af de forfærdelige, foruroligende øjeblikke, hvor man indser, at ens dag er ved at gå i fisk. Så sagde jeg til mig selv: Du er syg. Det skyldes solen og den lange gåtur. Manglen på luft i smøgen, den uvaskede frugt til morgenmaden, den ekstra kop kaffe, du aldrig skulle have drukket. Det startede i går aftes: Du sov ikke godt. Eller måske begyndte det endda tidligere, i går eftermiddags mod skumringstid, i det øjeblik af forudanelse og dårligt humør, da du ikke kunne finde din nøgle, og den lå der, på bordet, som altid. Eller måske var den følelse, jeg havde i dag, begyndt endnu før, på et uvist tidspunkt på en tidligere udflugt, det var måske noget, jeg var blevet smittet med et eller andet sted. Sådan er de undskyldninger, man kommer med til sig selv, og som gør en allerede frygtelig forvirring værre. Sådanne spekulationer løser ikke noget, de forstærker blot problemet ved at foregive at mildne det. Det er bare en forbigående mangel på beslutningskraft.

Torvet blev mere og mere fyldt op med folk, der kom flere til for hvert minut. Men gaderne bag mig virkede lige så forladte som før, som en stille kyst man er afskåret fra af en stærk strøm. Jeg følte mig overvældet af så mange kroppes nærhed. Deres bevægelse fremad gik langsommere, der var panikagtige udbrud fra den ene eller den

between you. It leaves you in a terrible confusion. You don't know what to do with
your face, how to arrange yourself, how to appear relaxed and unconcerned. I cross-
ed my arms and uncrossed them. Clasped my hands behind my back, unclasped
them, patted my pockets, looked for my map, which I could not find, and drew out
my handkerchief instead and wiped my face. Put the handkerchief in a different pocket
then looked at my watch. With each gesture a little more of my composure ebbed
away. I looked back at the man I'd mistakenly identified as my guide, and found that
he had disappeared.

I saw in my mind's eye the snapshot image of my table and my books – the map of
the city lying next to it – and was struck in the instant with the thought that I'd never
find my way back to my hotel unaided. All the nondescript alleys and turnings behind
me looked alike, yet all sliding off at odd angles and slants to the square in a jumble
of obstructed views and multiple corners, as if they had stumbled here unwillingly,
had wanted to turn back, or to evade the square entirely, and had been diverted to
this place at great inconvenience, against their proper course towards some other des-
tination. I stood at the broken mouth of a delta, which I had no way to navigate, and
turned again to the open square.

I affected a look of indifference. It was one of those awful, disturbed moments when
you know that the day is about to go sour. Then I told myself: You are ill. It is the
sun and the long walk. The lack of air in the alley, the unwashed fruit from break-
fast, the extra cup of coffee you should never have had. It came on last night: You
didn't sleep well. Or perhaps it began even earlier, yesterday afternoon towards dusk,
that moment of apprehension and bad-temper when you mislaid your key, and there
it was, on the table like always. Or maybe today's feeling began earlier still, at some
unknown point on some earlier excursion, something I had picked up somewhere.
Such are one's excuses to oneself, which further add to an already dire confusion.
These ruminations solve nothing, adding to the problem by pretending to mitigate it.
It is just a passing lack of resolve.

The square was becoming perceptibly more and more filled with people, more arriv-
ing with every minute. Yet the streets behind me appeared as deserted as before, like
a quiet shore from which one is cut-off by a strong current. I found myself over-
whelmed by the proximity of so many bodies, their progress becoming slower, with
frantic outbursts from one group or another buffeting entire sections of the crowd
first one way, then another. But even these swaying, tidal movements ceased, until

anden gruppe, hvilket skubbede hele afsnit af mængden først den ene vej, så den anden. Men selv disse bølgende tidevandsbevægelser ophørte, indtil det blev umuligt at foretage nogen selvstændig bevægelse overhovedet. Jeg kunne ikke komme fri og blev mindre og mindre sikker på, hvor på torvet jeg befandt mig, for presset fra kroppene var så stærkt, at jeg hverken kunne se op eller over mod nogen af bygningerne. Jeg mærkede sveden og åndedrættet fra dem omkring mig, deres øjne var fremstående og angstfyldte.

Vi lod til at gøre en eller anden slags fremskridt, men jeg vidste ikke hvortil, før det gik op for mig, at hele mængden samlet var begyndt at dreje til højre og hele tiden holdt til højre, mens vi langsomt, pinagtigt gik torvet rundt. Byen var fanget i denne galskab, hvis formål jeg ikke kendte. Jeg vidste, at hvis jeg faldt, var det ude med mig, og det gik op for mig, at alle nu havde grebet fat i et jakkeærme eller en skulder, krampagtigt prøvede at sikre sig et fast holdepunkt i dem, der stod nærmest, så de kunne holde sig oprejst og blive ved med at bevæge sig i samme retning. Med mit hoved klemt fast mellem en mands albue og en anden mands skulder kunne jeg til sidst se det øverste af en mur fremme foran mig, mod venstre, og lidt længere væk en højere bygning, hvis balkoner vendte ud mod pladsen. På hver af balkonerne, der gik på tværs af hele bygningen, pressede andre folkemængder sig mod balustraderne og så ud over os. Mængden nedenunder gled i en bølge frem mod hjørnet. Dem på balkonen var ligeglade. De lo og smilede, vendte sig mod hinanden for at udveksle bemærkninger, vendte sig om igen for at få udsyn over torvet og den tumult, der fyldte det. Og lige med ét var der noget andet, der vendte sig mellem os, nede ved jorden, og strøg mod min læg ... En hund, der snoede sig ind og ud mellem kroppene. Jeg gled ind imellem disse fremmede, i kølvandet på hunden, først den ene vej, så den anden, bøjede mig forover, mens jeg fulgte i hælene på den herreløse hund, som hele tiden var på nippet til at forsvinde i denne skov af ben. Ubemærket af mængden fulgte dyret blot sin egen vej.

Mængden blev ført af sted under balkonen, hunden og jeg med den, nærmere og nærmere mod udkanten, indtil det var muligt – lige akkurat muligt! – at slippe ind i balkonens skygge. Hunden drejede om et hjørne, og jeg så op. Der var ingen, som fangede mit blik eller overhovedet ænsede min tilstedeværelse, og jeg fortsatte efter hunden. Først gik den til venstre, så lige ud, hele tiden lige på grænsen af, hvad jeg kunne følge med til. Den standsede ved en rendesten, drak, og fortsatte så i støt fart, en skødesløst omstrejfende hund, som aldrig vendte om, aldrig var i tvivl om retningen.

no voluntary movement at all was possible. I could not extricate myself, and became
less and less sure where in this square I was, the press of bodies being so great I could
neither look up nor across to any of the buildings. I felt the sweat and the breath of
those around me, their eyes bulging and fearful.

We seemed to be making some kind of headway, but I knew not where, until I real-
ised that the entire crowd was beginning to turn together, always to the right, always
keeping to the right, as we slowly, painfully turned around the square. The city was
caught in this madness, for a purpose I did not know. If I fell I knew I would be done
for, and I realised that everyone now had grasped a coat-sleeve, a shoulder, was strain-
ing to gain any kind of purchase on those closest to them in order to stay upright, to
keep moving in the same direction. With my head wedged between one man's elbow
and another's shoulder, I eventually saw the top-most part of a wall ahead, away to
the left, and a little further on a taller structure, whose balconied floors all opened
onto the square. On each balcony, across the entire width of the building, further
crowds pressed themselves to the balustrades and looked out over us. The crowd
below surged to the corner, those on the balconies were unconcerned. They laughed
and smiled, turned to one another to exchange a word, turned again to survey the
square, the tumult that filled it. And all at once there was something else turning be-
tween us, down near the ground, brushing my calves ... A dog, weaving its way
amongst the bodies. I slid between these strangers, in the wake of the dog, first one
way, then another, crouching in the path of the stray, who was always on the verge of
disappearance amongst this forest of legs. Oblivious to the mass of people, he follow-
ed his own path.

The crowd eddied under the balcony, the dog and I with it, nearer to the edge and
nearer still, until it was possible – just possible! – to slip into the shadow of the bal-
cony itself. The dog swayed around a corner, and I looked up. No-one caught my eye
or was even aware of my presence, and I went on after the dog. First he went to the
left, then straight, always at the limit of my capacity to follow. He stopped at a gut-
ter and drank then walked again, loping, a casual strolling dog who never turned
back, never faltered in his direction.

We were by now a few streets away from the square. I knew not what path through
the city he was taking, or whether he sensed my passage behind him, or where he was
going. I feared he would lead me to some rubbish dump outside the walls, or to some
ditch or midden in a forgotten corner of the city. It grew dark, and still he walked,

Vi var nu efterhånden nogle gader væk fra torvet. Jeg ved ikke, hvilken vej gennem byen den tog, om den kunne mærke mig gå bag sig, eller hvor den var på vej hen. Jeg frygtede, at den ville føre mig ud til en eller anden losseplads uden for murene eller til en grøft eller mødding i et bortglemt hjørne af byen. Det blev mørkt, og den fortsatte stadig, sneg sig langs mure, stoppede op for at pisse, luntede videre igen med sænkede skuldre. Den sked i en døråbning, og jeg ventede. Vi fortsatte, afstanden mellem os blev længere. Jeg kunne kun lige akkurat blive ved at se den. Til sidst var jeg mindre bevidst om hunden end om dens skygge, der rejste sig kæmpemæssig mod de lukkede forretningers skodder og gitre, en plet mørke luskende af sted ude på midten af vejen. En grå hund i gråt lys, uset og upåagtet. En mand følgende en skygge mellem bygningerne.

Pludselig og uventet kom vi til trappen, ad en eller anden umulig rute hjemad. Hunden luntede videre ud i natten mod sit territorium. Jeg fandt en café, der havde åbent, hvorfra en stemme med vægt og alvor sang ud gennem en billig radio på barens spybefængte skænk, og sangens ukendte ord åbnede sig til vældige, ubegribelige vidder af stilhed. De skar igennem mig som en kniv. Jeg så op på spejlet, der hang på væggen bag baren på en sådan måde, at det rummede hele lokalet i sin nedadvendte vinkel. Jeg fik øje på mig selv, der så op, så ned, så lige frem. Min forstyrrede synsvinkel var sådan, at jeg ikke kunne afgøre, om jeg var et menneske mellem andre mennesker på gulvet i et tilrøget lokale under et skarpt fluorescerende lys eller et helt andet menneske, der fra en balkon så ud på den sydende verden nedenunder.

sidling against walls, pausing to urinate, walking on, shoulders down. He shat in a doorway and I waited. On we went, the distance between us lengthening. I could barely keep him in my sight. At the end I was less aware of the dog than of his shadow, huge and looming on the shutters and grilles of closed shops, a patch of darkness skulking in the middle of the road. A grey dog in grey light unseen and unregarded. A man following a shadow between the buildings.

We came suddenly and unexpectedly upon the steps, by some impossible homeward circuit. The dog sloping on into the night towards his territory. I found a café open, where a voice, whose authority and gravity sang out from a cheap radio on the counter of the flyblown bar, the unknown words opening out into vast uninterpretable plains of silence. It went through me like a knife. I looked up at the mirror on the wall behind the bar, angled so that the entirety of this room was contained within its downward slant. I caught myself looking up, looking down, looking straight ahead – the disruption of my angle of vision was such that I could not tell if I were a man amongst men on the floor of a smoky room under fierce fluorescent lights, or a quite different man, gazing out from a balcony on the churning world below.

DEN VISUELLE ILLUSIONS VÆSEN

Af Åsa Nacking   – Juan Muñoz på Louisiana

Den spanske kunstner Juan Muñoz' udstilling på Louisiana er hans første separat-
udstilling i Norden. Den koncentrerer sig omkring tre arbejder med beslægtet pro-
blematik fra årene 1997-99: *Halvcirkel, Neals sidste ord* og *Mange gange.*

Juan Muñoz har formuleret en titel til udstillingen – *Den visuelle illusions væsen* – som
byder på et konstruktivt forslag til, hvordan de iscenesatte værker skal opfattes. At alting
ikke altid er, hvad det ser ud til at være, det bekræftes allerede i optakten. Når man træ-
der ind i udstillingen, mødes man af et tungt forhæng i form af et maleri fra gulv til loft
udført i *trompe l'oeil.* Det illusorisk tunge draperi giver et alvorstungt, men forvent-
ningsfyldt stemningsleje til skulpturerne og antyder, at vi om lidt vil blive vidner til noget
helt særligt. Noget, der er betydningsfuldt, men måske ikke så helt enkelt hverken at for-
stå eller fortælle om. Udstillingen handler om, hvordan vores opfattelse kan styres af illu-
soriske indtryk, og den er i sin helhed en metafor for noget, der ligger under overfladen.

Halvcirkel og *Neals sidste ord* – begge fra 1997 – er to beslægtede skulpturgrupper, som
indgår i Louisianas permanente samling. De består af en gruppe mere eller mindre
identiske og realistisk udførte figurer udført i halv størrelse. Deres karakteristisk asia-
tiske ansigtstræk og uniformerede klædedragt fører utvetydigt tankerne hen på kinesisk
kultur. De giver indtryk af at være eksakt identiske, og det er kun ud fra kropshold-
ningen, at man kan skelne den ene fra den anden.

I *Halvcirkel* er tolv af disse figurer placeret i en bred, åben cirkelformation. Det kom-
munikerede budskab kan opfattes dobbelt: Den omsluttende form virker imødekom-
mende på betragteren, samtidig med at deres rygge synes at udelukke ethvert forsøg
på tilnærmelse. På samme måde efterlader den unisone latter, som samtlige ansigter
er brudt ud i, et tvetydigt indtryk. Latterudtrykkene virker påklistrede som en maske,
og de kan lige så godt signalere oprigtig glæde og ren velvilje som være udtryk for
kølig arrogance eller noget helt tredje. Intentionerne om at kunne forstå dette tilsy-
neladende hemmelige, kodede sprog og gådefulde udtryk synes at forblive håbløst
frugtesløse.

Neals sidste ord portrætterer en enlig mand med ryggen til betragteren. Han er fanget
i en intens hvisken, som er umulig at høre for omgivelserne – han fører en monolog
til sit eget spejlbillede. Tydeligvis er det hans sidste ord, der ytres, og også i dette værk

THE NATURE OF VISUAL ILLUSION

– Juan Muñoz at Louisiana

By Åsa Nacking

The exhibition by the Spanish artist Juan Muñoz at Louisiana is his first solo exhibition in Scandinavia. It centers on three thematically related works, executed between 1997 and 1999: *Half Circle*, *Neal's Last Words* and *Many Times*.

The title which Juan Munoz has chosen for the exhibition – *The Nature of Visual Illusion* – suggests a constructive approach to his staged sculptural works. That things are not always what they appear to be, is confirmed at the very outset. As soon as you enter the exhibition space, you are confronted with a heavy curtain in the form of a *trompe-l'oeil* painting extending from floor to ceiling. The illusory heaviness of the drapery sets a solemn mood for viewing the sculptures, but also one of anticipation, suggesting that we are about to witness something out of the ordinary – something significant, but perhaps not quite easy to understand or convey. The exhibition explores the way in which visual illusions may govern what we perceive, and, viewed as a whole, it serves as a metaphor for what lies hidden beneath the surface of things.

Two of the related sculptural groups, *Half Circle* and *Neal's Last Words* – both created in 1997 – are part of Louisiana's permanent collection. They consist of more-or-less identical and naturalistic figures executed in half life-size scale. Their characteristically Asian faces and uniform dress invariably bring Chinese culture to mind. They give the impression of being exactly identical; Only their posture makes it possible to distinguish one from the other.

In *Half Circle* twelve such figures are placed in a wide-open circle. The message communicated is a double one: The enclosing form seems to welcome the observer, while the turned backs seem to repel any kind of engagement. Similarly, the laughter broken out on all the faces in unison leaves an ambiguous impression. The laughing expressions seem glued on like a mask and could as well signify cool arrogance as genuine joy and good will; or something entirely different. Any attempt to understand this seemingly secret, encoded language and the enigmatic facial expressions seems hopelessly doomed.

Neal's Last Words shows a solitary man with his back turned to the observer. He is absorbed in an intense, whispered monologue – only indistinctly audible – addressed to his own mirror image. He is apparently uttering his last words, and again the

udelukkes omgivelserne fra et i dette tilfælde mere privat, men ligeledes lukket univers. Trods ansatser til en form for dialog i begge disse beslægtede værker – talen, den imødekommende åbning i gruppeformationen, latteren – står betragteren tilbage med en usikkerhed med hensyn til, hvad det egentlig er, der kommunikeres. Der gives ingen færdige svar, man kan blot ane, hvad tingene i virkeligheden handler om.

Juan Muñoz' tidligere produktion viser en dyb forankring i den spanske kulturarv. Man kan nævne hans variationer over miniaturebalkoner udført i sort smedejern i en umiskendelig spansk byggestil. Andre værker baseret på arkitekturelementer – som for eksempel trappegelændere forlenede med fremmedartede elementer, der tilføjer et ildevarslende aspekt til det velkendte, og illusionistisk skakternede gulvflader, som synes hentet fra et renæssancemaleri – bærer denne kulturelle identitet. Det samme kunne siges om kunstnerens natsorte "regnfrakke"-malerier, der afbilder interiører fra hans fortid. Ligeledes leder ballerinafigurerne og de tilbagevendende skulpturportrætter af dværge tankerne hen på Spanien og mere specifikt på en af landets store mestre, Velázquez.

Også på denne udstilling kan man registrere Juan Muñoz' spanske udgangsposition i den forstand, at udstillingen forholder sig til det, som befinder sig et eller andet sted langt fra det, der er velkendt for ham selv, og som står ham nær. *Den visuelle illusions væsen* handler på ét plan om det, der er anderledes, det, der er langt fra én selv, som er svært at forstå, og som måske kan være besværligt at tilegne sig.

Hvordan vi opfatter en udstilling, afhænger af vor egen viden, erfaring, forventning, nysgerrighed og måske ligefrem af vore forudfattede meninger. Der kan hentes hjælp i museets formidling såsom tekster, skilte og kataloger, men i sidste instans er det op til hver enkelt at bestemme, hvordan dialogen med værket skal forløbe. Hvis værket ikke kommunikerer tilfredsstillende, kan det skyldes, at modtageren ikke mobiliserer en tilstrækkelig åbenhed. Noget tilspidset – men måske meget rammende i forbindelse med denne udstilling – kan det samme siges om mødet med et andet menneske. En eventuel mangel på forståelse og respekt for den Anden falder tilbage på én selv.

Forholdet til den Anden er et presserende emne i vore dages virkelighed i kølvandet på globalisering og migration. Debatten er ofte intensiv, og dagligt konfronteres vi med vor egen og den i almindelighed gældende opfattelse og optræden i den konkrete sag. At synspunkterne divergerer, og at opfattelserne kan være uforenelige, ses også ved, at intentionerne selv hos en kunstner som Juan Muñoz kan opfattes forskelligt.

observer is excluded, in this case from a more private, but likewise closed, world. Although both of these related works seem to encourage some sort of dialogue – the speech, the welcoming openness of the group formation, the laughter – the observer is left with an uncertain sense of what is actually being communicated. No clear answers are given, only intimations of what things are really about.

Juan Muñoz' earlier works are deeply rooted in the cultural heritage of Spain. One might mention his variations on miniature balconies made of black wrought iron in an unmistakably Spanish style. Other works based on architectural elements – such as banisters fused with alien elements that add a sinister aspect to the familiar, and illusionistic checkerboard floors that seem to have come out of a renaissance painting – carry this cultural identity. The same could be said of his night-black raincoat paintings that depict memories of interiors from his past. Also the ballerina figures and the recurring sculptural portraits of dwarfs are reminiscent of Spain – or more specifically, of one of its great master painters, Velázquez.

In this exhibition, too, Juan Muñoz' Spanish background is felt, in the sense that his work is about a vague somewhere else, distant from what is familiar and close to him. On one level, *The Nature of Visual Illusion* is about what is different, far from oneself, difficult to understand, and perhaps resists apprehension.

How we see an exhibition depends on our own knowledge, experience, expectations, curiosity, and our possibly preconceived opinions. The tools provided by the museum – texts, labels and catalogues – may be helpful, but in the end it is up to each of us to decide how our dialogue with the work will turn out. If the work fails to communicate satisfactorily, it may be because the receiver meets it with insufficient openness. Carried a bit further – but relevant in relation to this exhibition – the same might be said of our encounter with other human beings: Any failure to understand and respect the Other falls back on oneself.

The relation to the Other is an urgent topic in our present-day reality of globalisation and migration. Debate on this issue tends to be intense, and each day we are confronted with our own as well as the general perceptions, behaviour and actions. That there are differing points of view and incompatible positions is also shown by the fact that the intentions of an artist like Juan Muñoz can be interpreted in various ways. For what does it mean, one might ask, when he, as a western artist, makes use of Chinese looks? According to the artist himself, it should be understood as a

For hvad betyder det, når han som vestlig kunstner gør brug af det kinesiske udseende? Ifølge kunstneren selv skal det forstås som en metafor for noget, som er anderledes end ham selv, som et forsøg på at identificere den vanskelighed, som kan være forbundet med at forholde sig til og forstå det fremmede.

Iscenesættelsen af Juan Muñoz' installationer er afgørende for oplevelsen af værkerne, som ofte har en rent fysisk indvirkning på betragteren. I den omfattende installation *Mange gange* fra 1999 konfronteres vi med hundrede let modificerede kopier af én og samme nu så velkendte figur. De er blevet placeret på en forlænget balkon, som strækker sig hele vejen rundt i Louisianas gigantiske rum Store Sal. Den rumlige konstruktion og den forsamlede folkeskare på balkonen kan føre tankerne hen på Goyas – sin tids sociale oprørers – maleri fra kapellet San Antonio de la Florida ved Madrid. Her ser vi en gruppe mennesker stimle sammen i en lignende ophøjet placering, mens gulvet lades tomt. Folkemængden i Goyas klassiske maleri og skulpturerne i værket *Mange gange* har det til fælles, at de er blevet opstillet på en tilskuerplads. Betragteren er dermed henvist til gulvpladsen, eller snarere til en scene, og der opstår et spil, hvor betragter og aktør rent faktisk har skiftet plads. Ved et sådant rolleskift bliver spørgsmålet om objekt og subjekt uklart, og det er snarere betragteren, der fremmedgøres og må bære rollen som den, der er afvigende. Den, der må tage imod de andres blikke, og som skiller sig ud fra mængden.

Det samme gælder for en helt anden reference, som kunstneren selv nævner, og som strækker sig uden for den Iberiske Halvø, helt til Tana Toraja i Sulawesi. Traditionelt har Torajas befolkning et meget nært forhold til deres afdøde slægtninge, og både begravelsesritualerne og sorgarbejdet er en langstrakt procedure. Først opbevares den døde krop i hjemmet i flere måneder. Dens fysiske nærvær menes at lindre lidelsen ved at acceptere det uigenkaldelige tab, og desuden forhindrer det visuelle billede af den døde krop en fortrængning af det, der er hændt. Når de døde så småt skal begraves, sker det i en åben grav på en højtliggende plads, som gør det muligt kontinuerligt at gense sine afdøde nærmeste. Først og fremmest til de formuende og socialt højtplacerede forfædre fremstilles der desuden portrætter i form af påklædte trædukker, *tautau*, som placeres i nærheden af gravpladsen på konstruerede balkoner, højt oppe på de naturligt formede klippeafsatser. Kiggende ned fra oven gør de døde slægtninge opmærksom på deres tidligere eksistens på jorden og våger stadig med deres billedlige nærvær over de levende mennesker. For dem som for hele Juan Muñoz' udstilling på Louisiana gælder det, at illusionen forstærkes af det visuelle billede.

metaphor for something different from himself, as an attempt to identify the difficulty of relating to and understanding what is foreign.

The staging of Juan Muñoz' installations is crucial to the experience of the works which often affect the observer in a physical way. In the large installation *Many Times*, made in 1999, we are confronted with one hundred, slightly modified copies of the same, now familiar, figure. They have been placed on a prolonged balcony extending all the way around one of Louisiana's more spacious galleries: The Big Hall. The spatial construction and the crowd gathered on the balcony evoke a painting by Goya – the social rebel of his time – found in the chapel San Antonio de la Florida near Madrid. In this painting we see people crowding together in a similarly elevated place, while the floor is left empty. What the crowd in Goya's classic painting and the sculptures that make up *Many Times* have in common is that they have been placed in what is normally the spectator's position. The actual spectator is assigned a position on the floor, or rather the stage, and a play commences in which actor and spectator have in fact changed places. Such an exchange of roles leaves the question of object and subject unclear; The observer becomes the one who is alienated and must accept the role of the deviant, exposed to the gaze of others and set apart from the crowd.

The same holds true of an entirely different reference, made by the artist himself – one that extends beyond the Iberian peninsula, as far as Tana Toraja in Sulawesi. Traditionally, the people of Toraja have a close relationship to their dead relatives, and their rituals of burial and mourning follow a lengthy procedure. First, the dead body is kept in the home for several months. The physical presence of it is thought to alleviate the suffering of having to accept the inevitable loss, while the visual image of the dead body prevents a repression of what has occurred. When the dead are about to be buried, they are placed in an open grave in a high place, enabling the living to revisit and see their dead relatives. Furthermore, portraits are produced, especially for wealthy and high-ranking ancestors, in the form of dressed wooden dolls – *tautau* – which are placed near the burial site on balconies constructed high up on naturally formed rock ledges. Looking down from above, the dead relatives remind the living of their former earthly existence and are still in their visual presence, watching over them. As with the Juan Muñoz exhibition at Louisiana, it holds true that the visual image strengthens the illusion.

Neals sidste ord, 1997
Venedig Biennalen, 1997

Neal's Last Words, 1997
Venice Biennale, 1997

Næste side:
Halvcirkel, 1997
Venedig Biennalen, 1997

Overleaf:
Half Circle, 1997
Venice Biennale, 1997

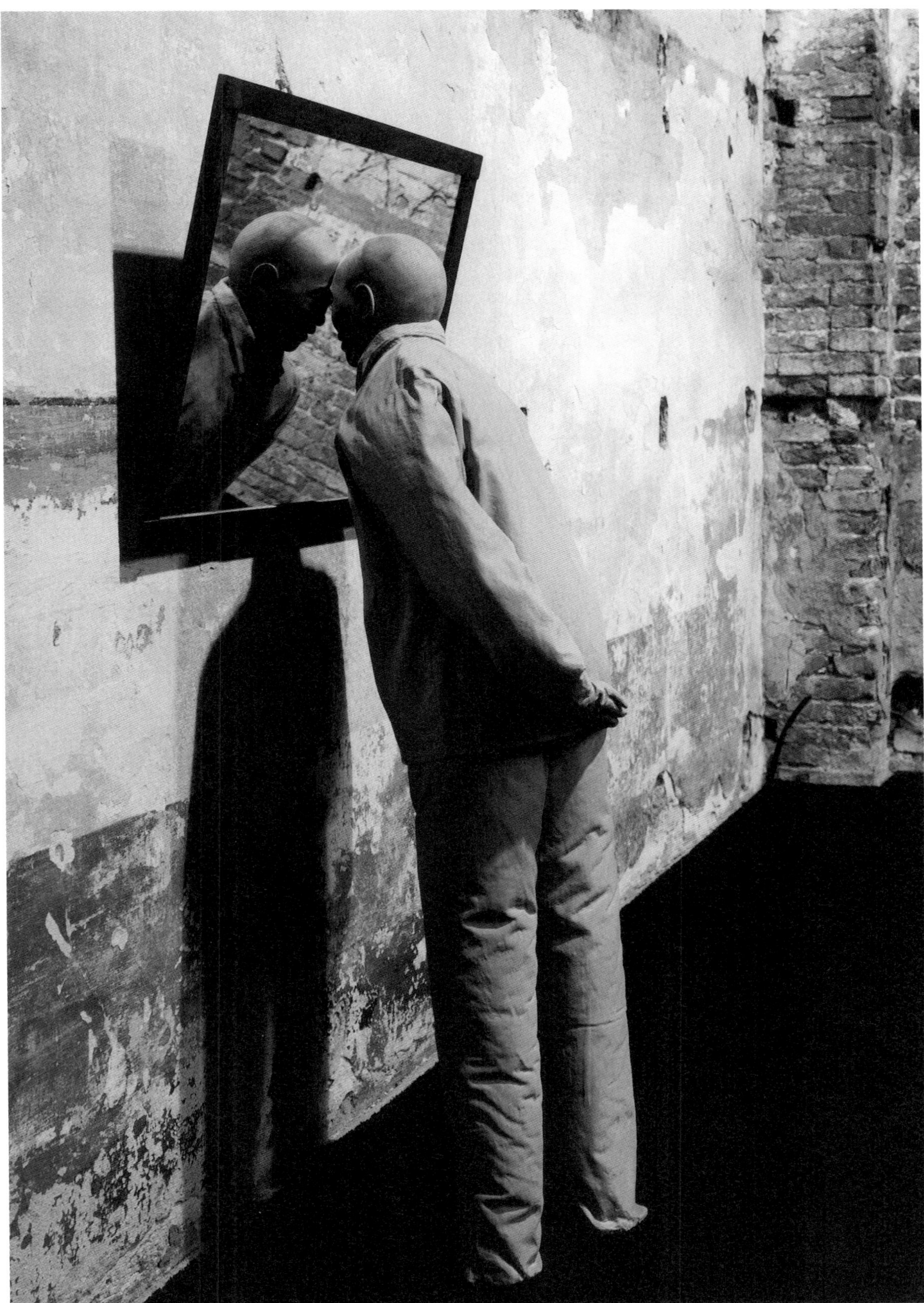

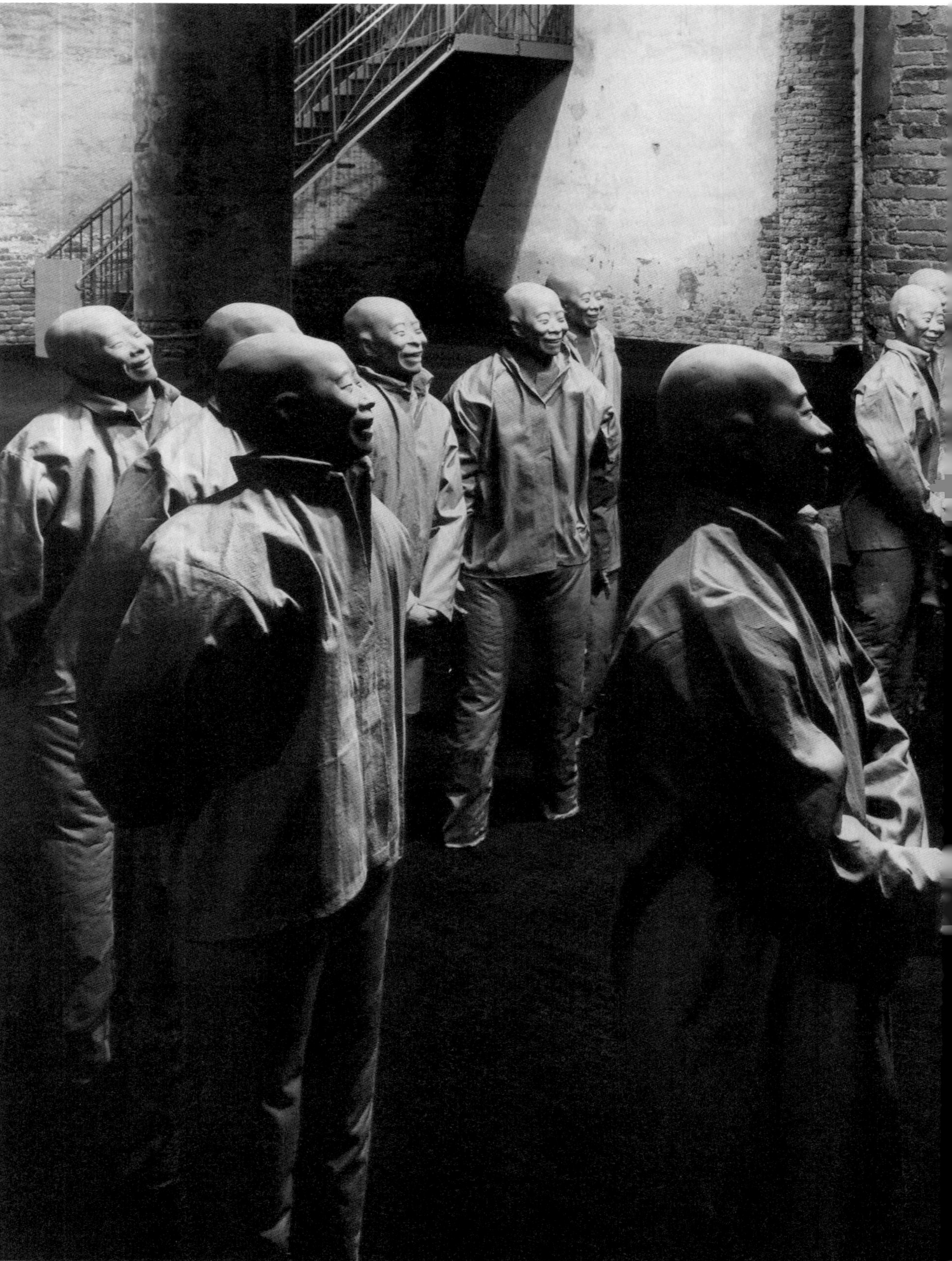

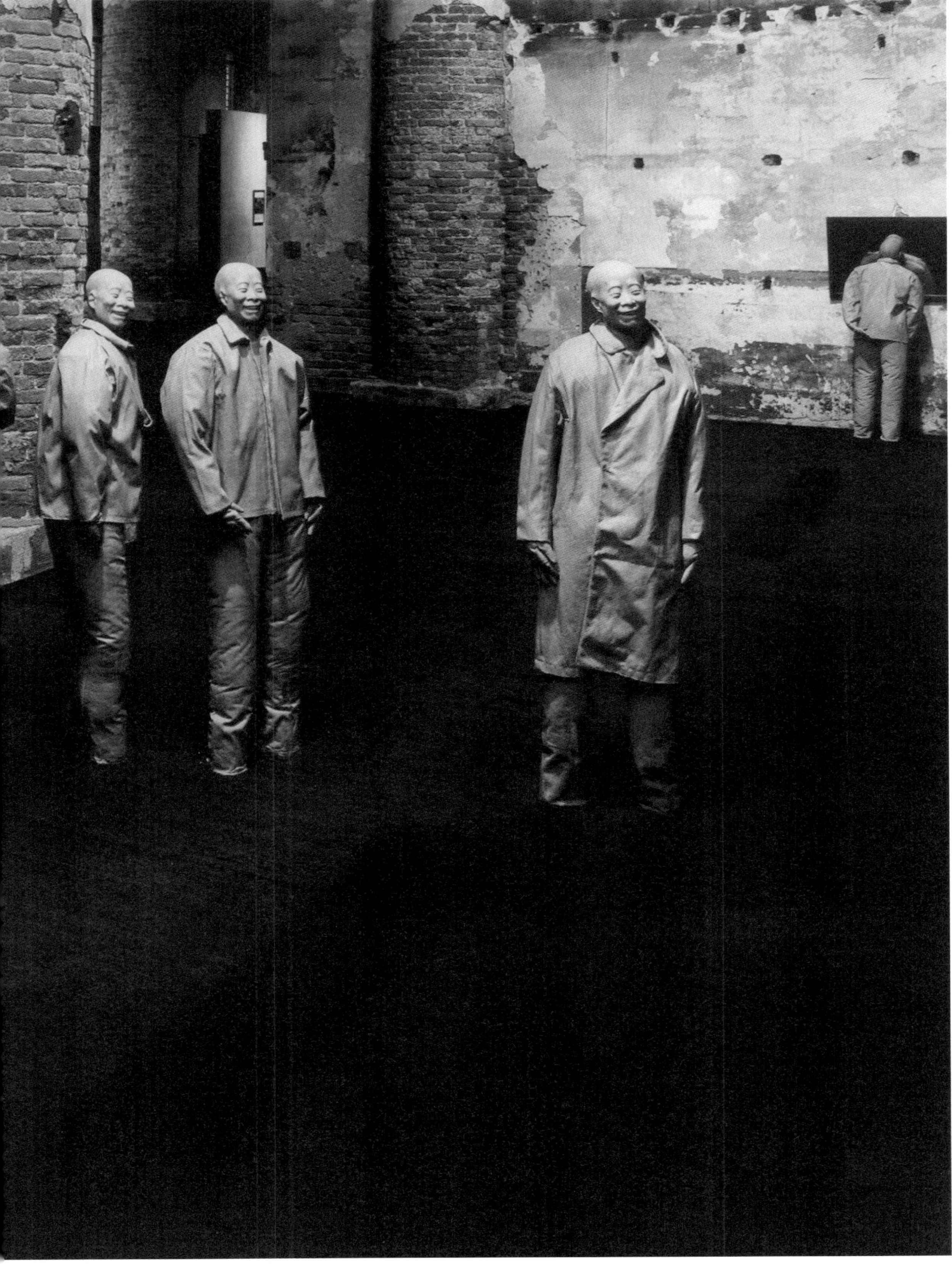

Halvcirkel, 1997
Louisiana Museum for moderne kunst, 1999

Half Circle, 1997
Louisiana Museum of Modern Art, 1999

RDPII ▷ 10

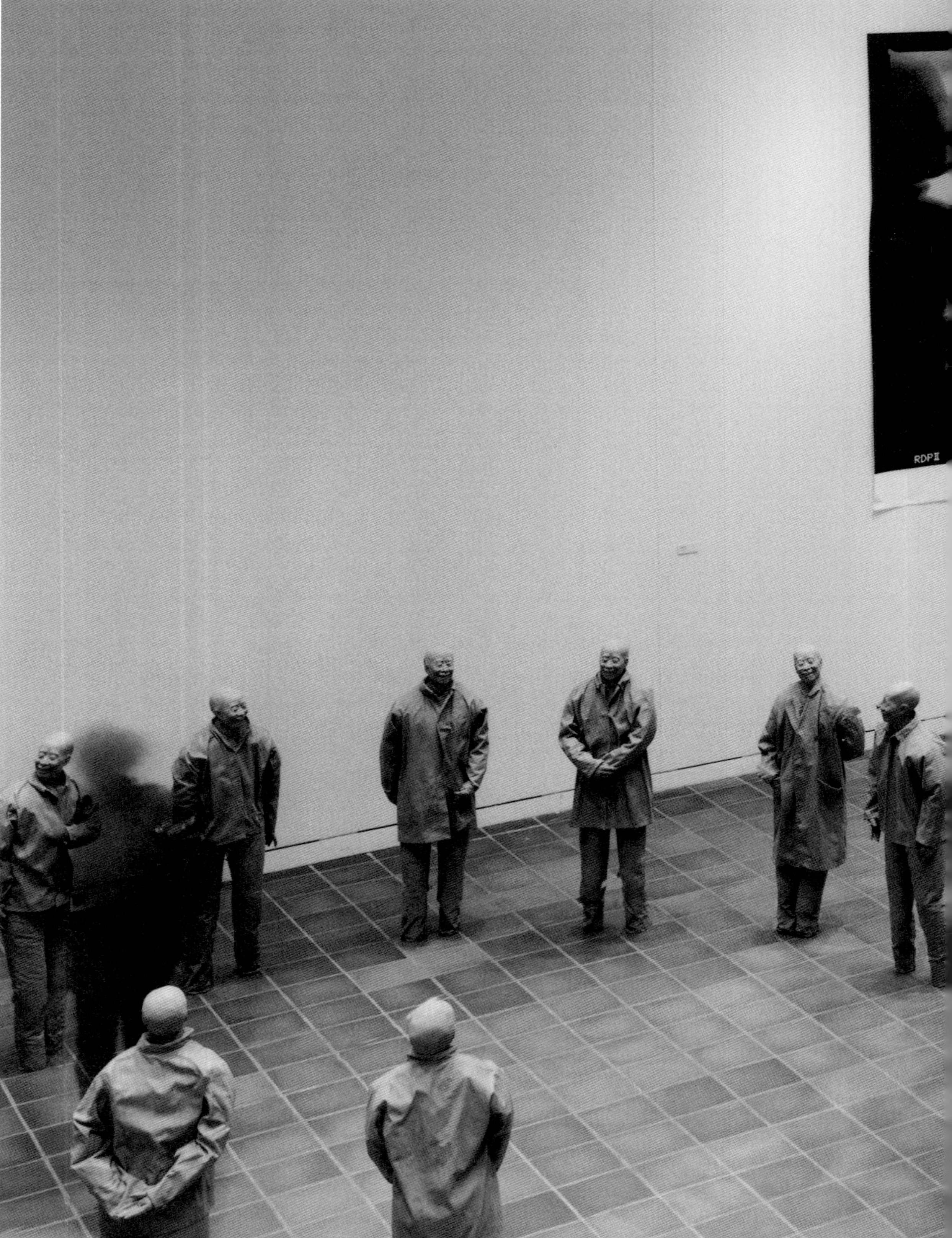
RDP II

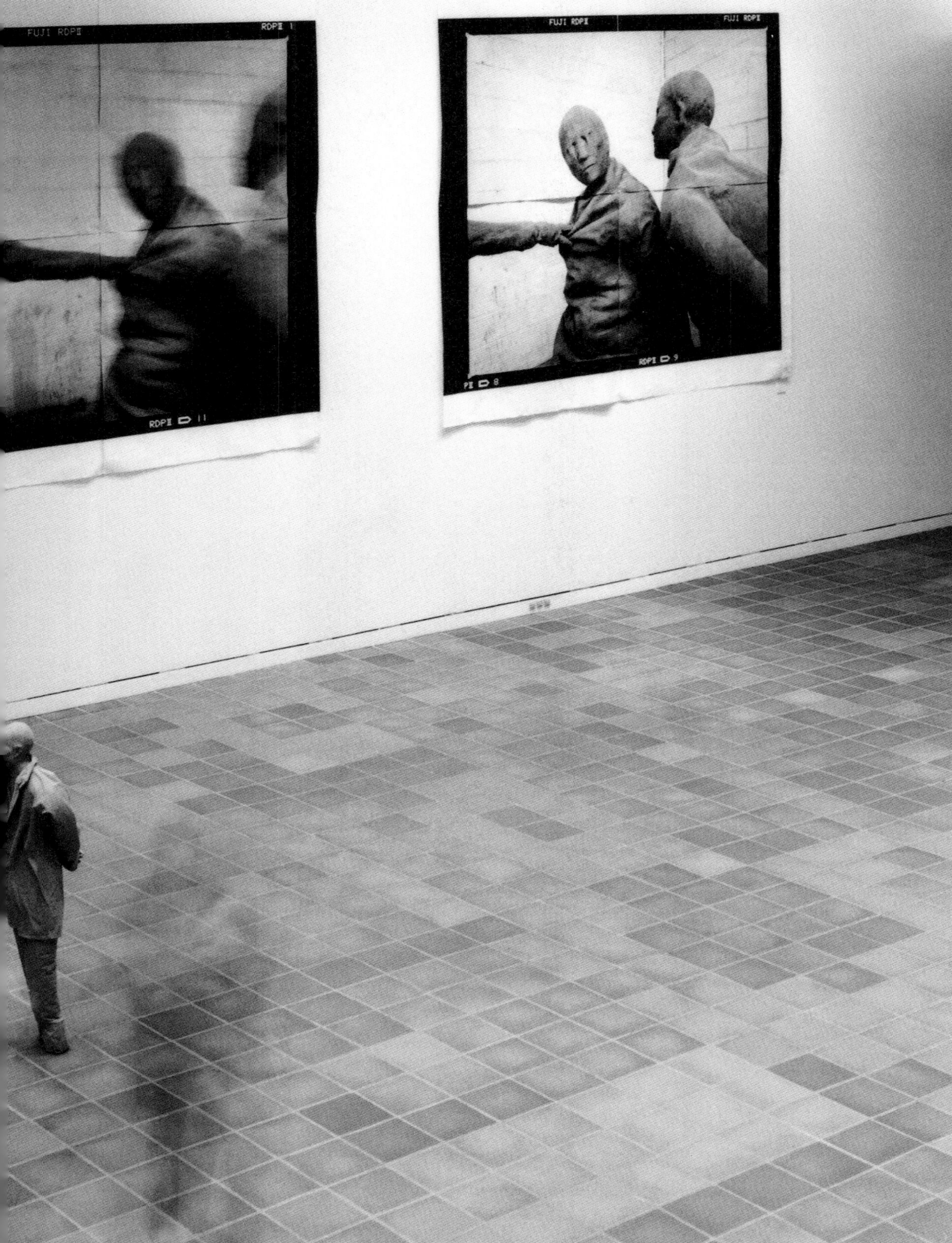

FUJI RDPII
RDPII 1
FUJI RDPII
FUJI RDPII
RDPII 9
PI 8
RDPII 11

Mange gange, 1999
Juan Muñoz' atelier, Madrid, 1999

Many Times, 1999
Juan Muñoz' studio, Madrid, 1999

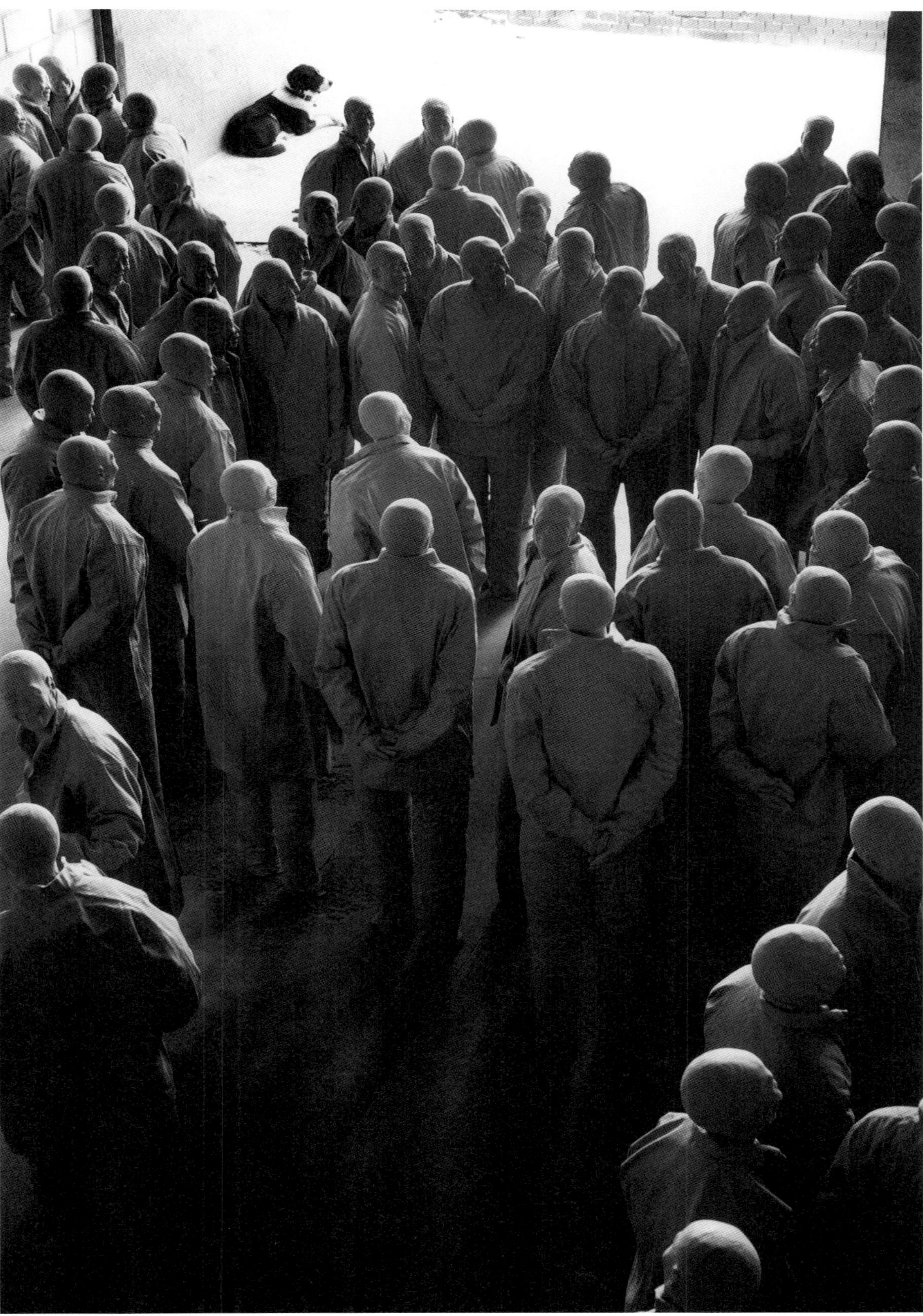

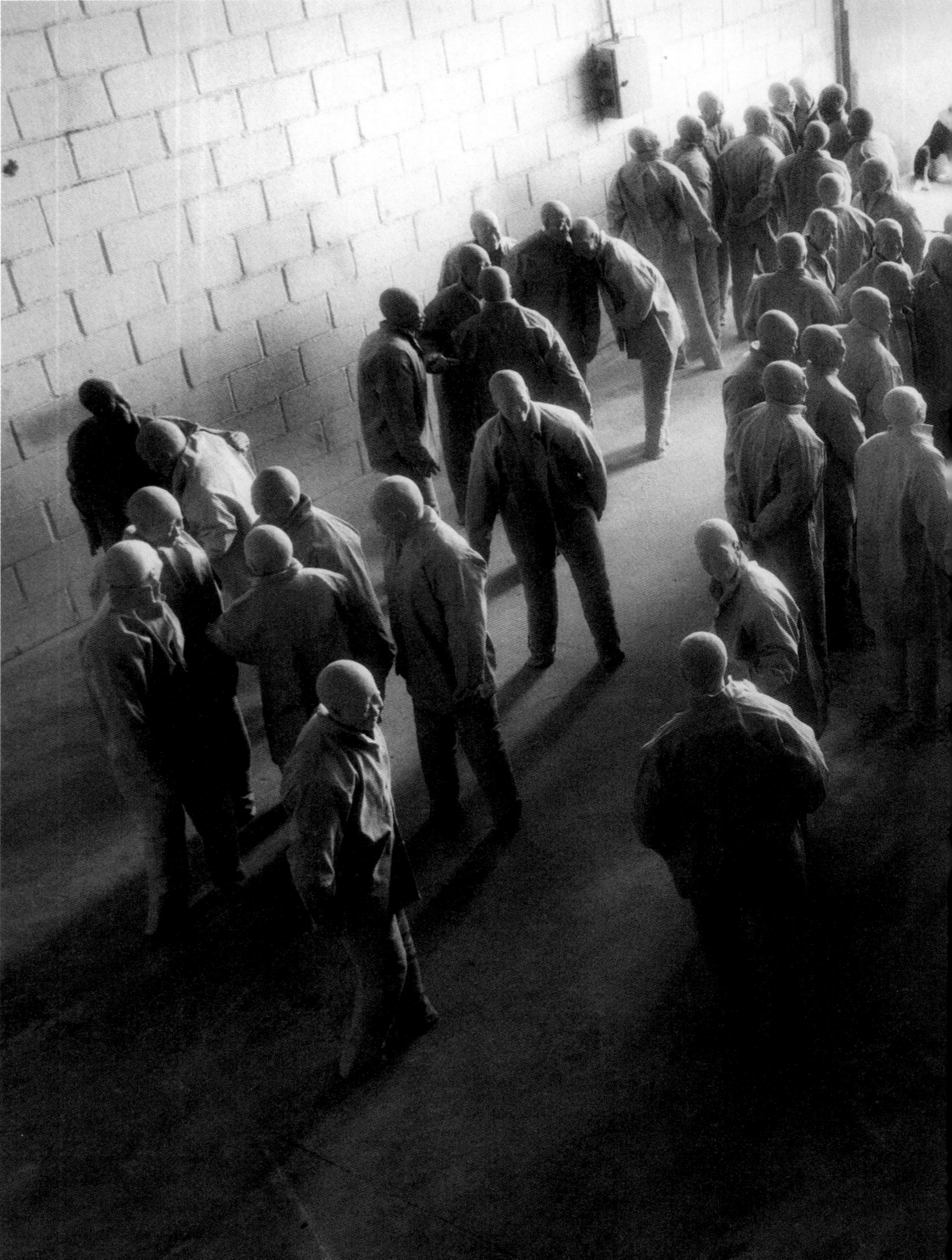

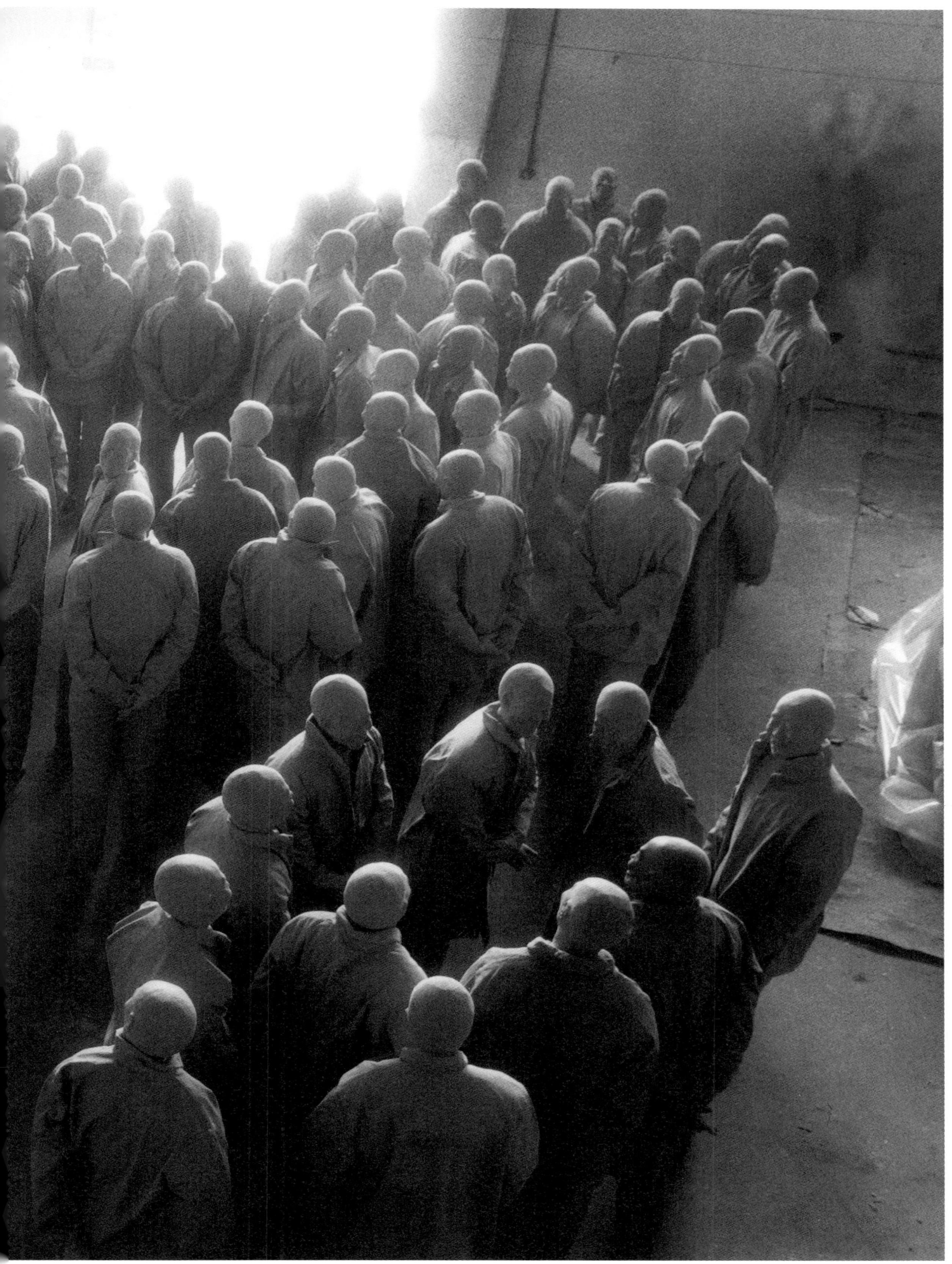

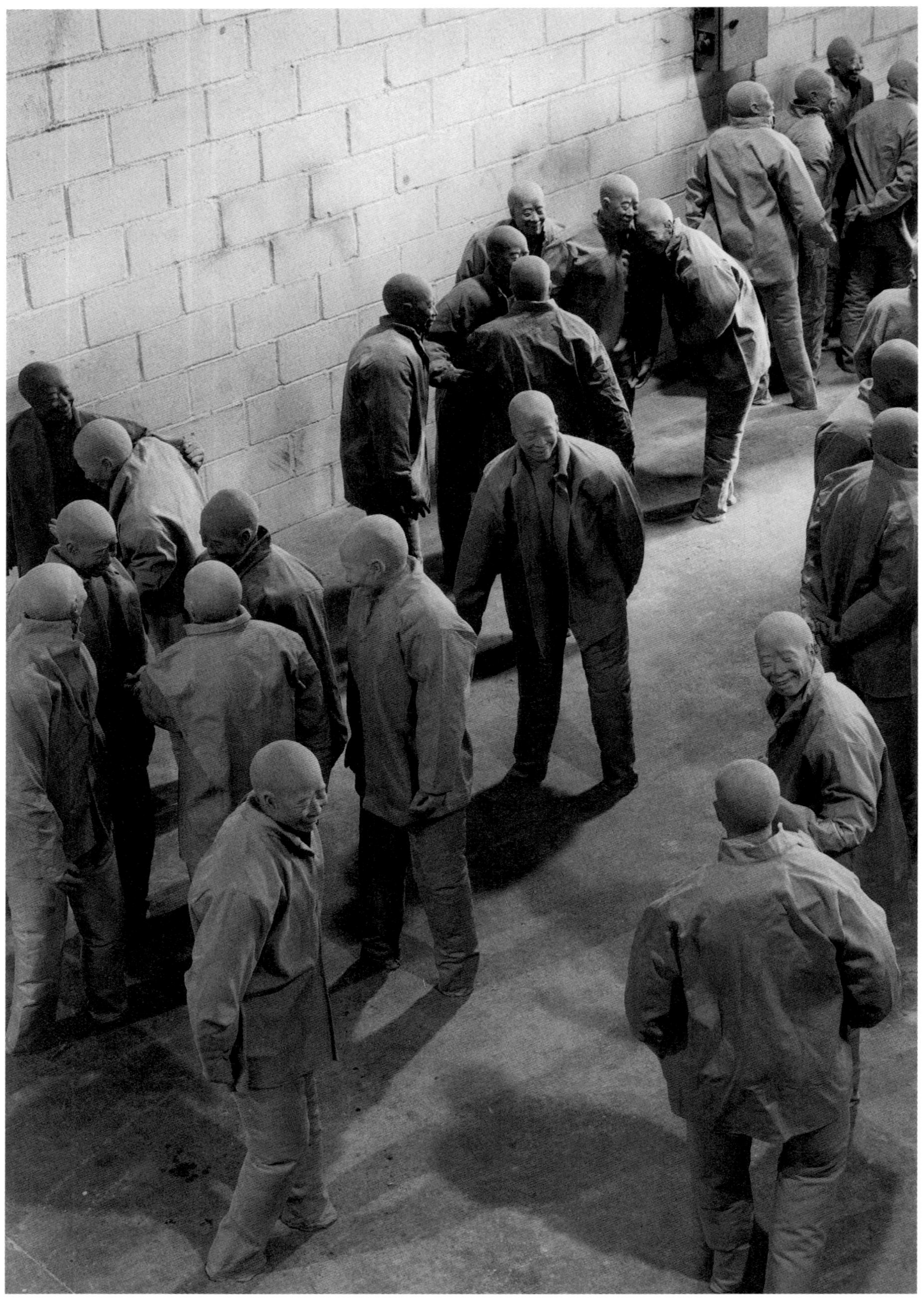

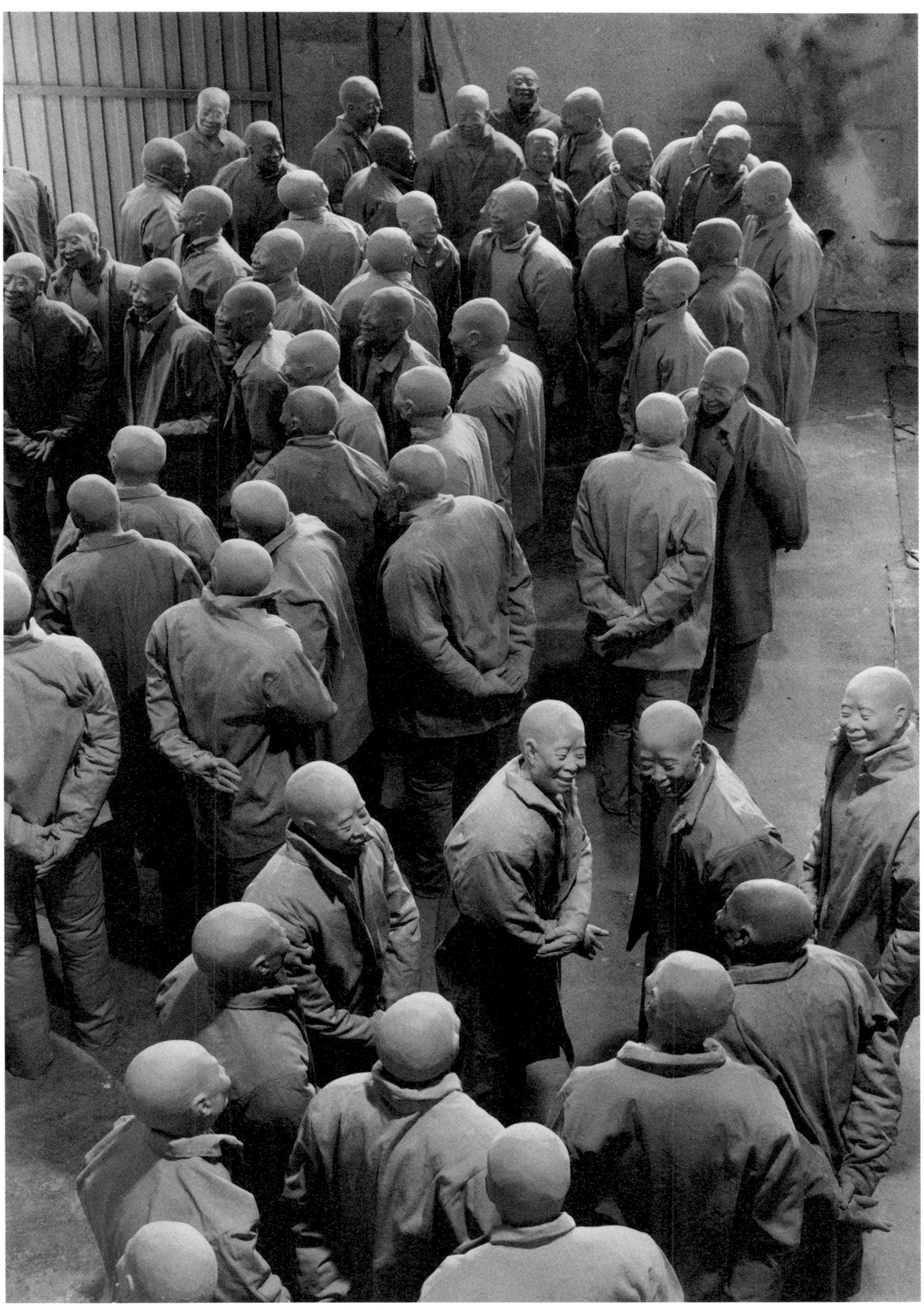

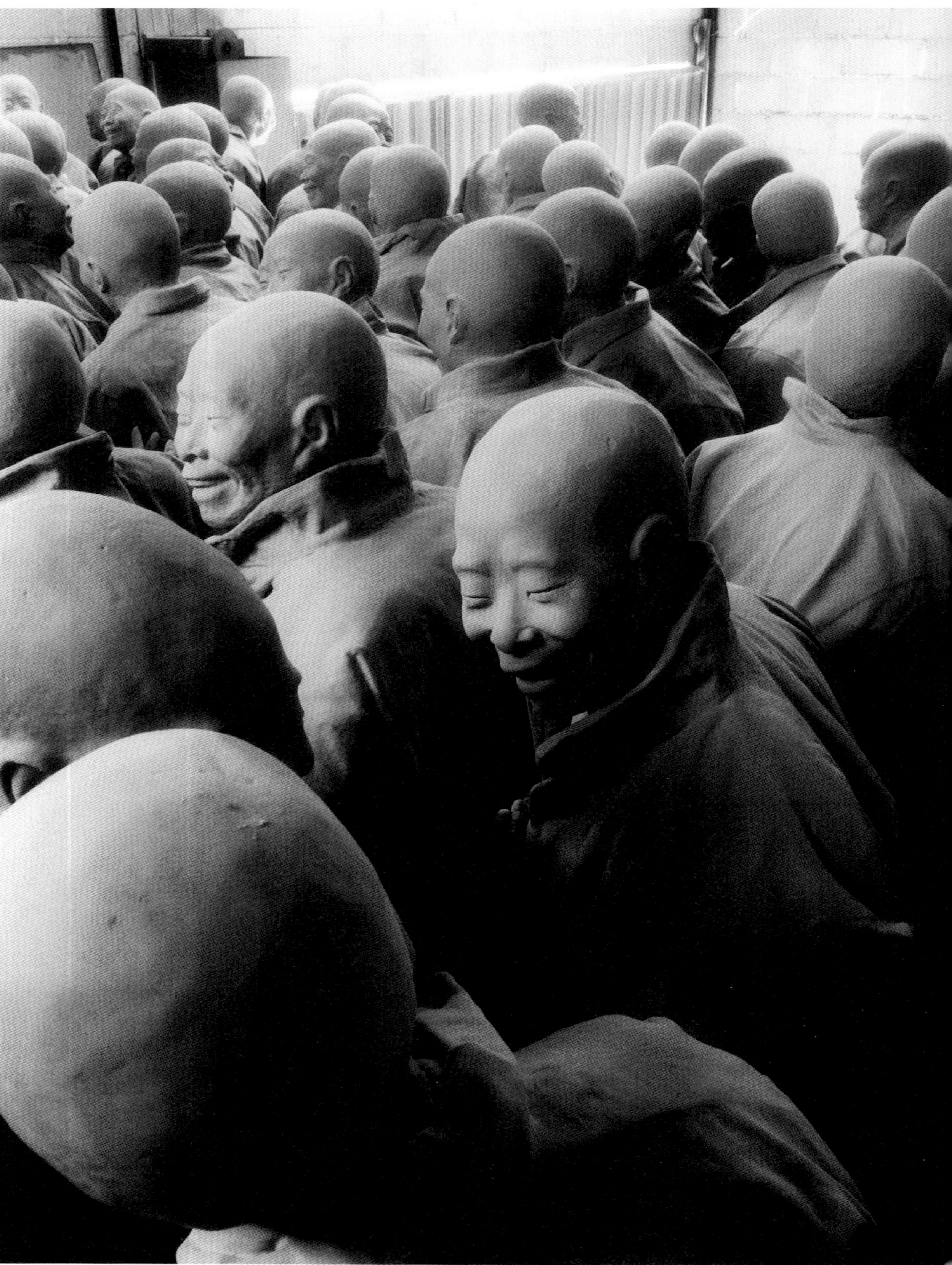

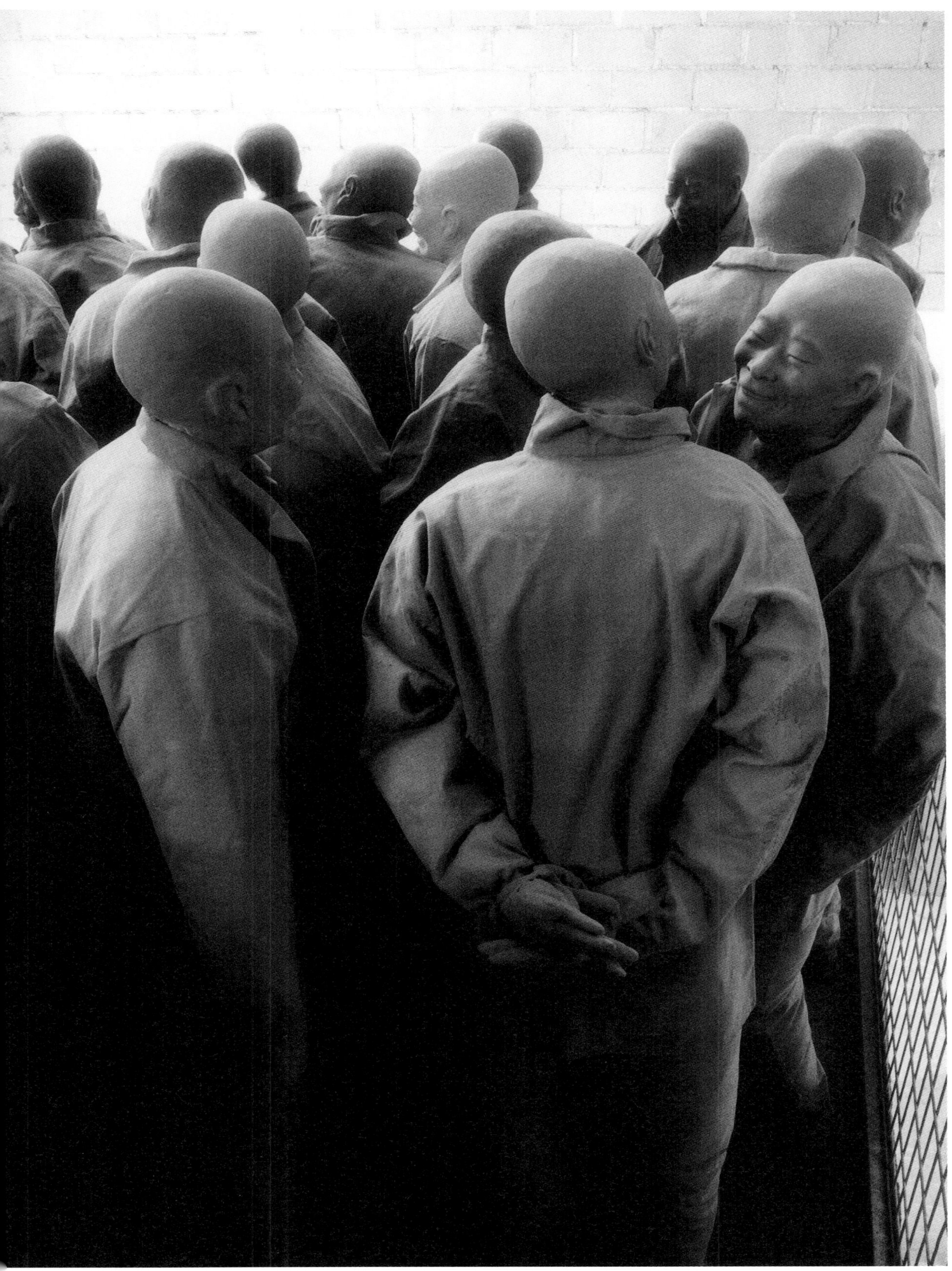

THE NATURE OF VISUAL ILLUSION

Foto/Photo: Attilio Maranzano

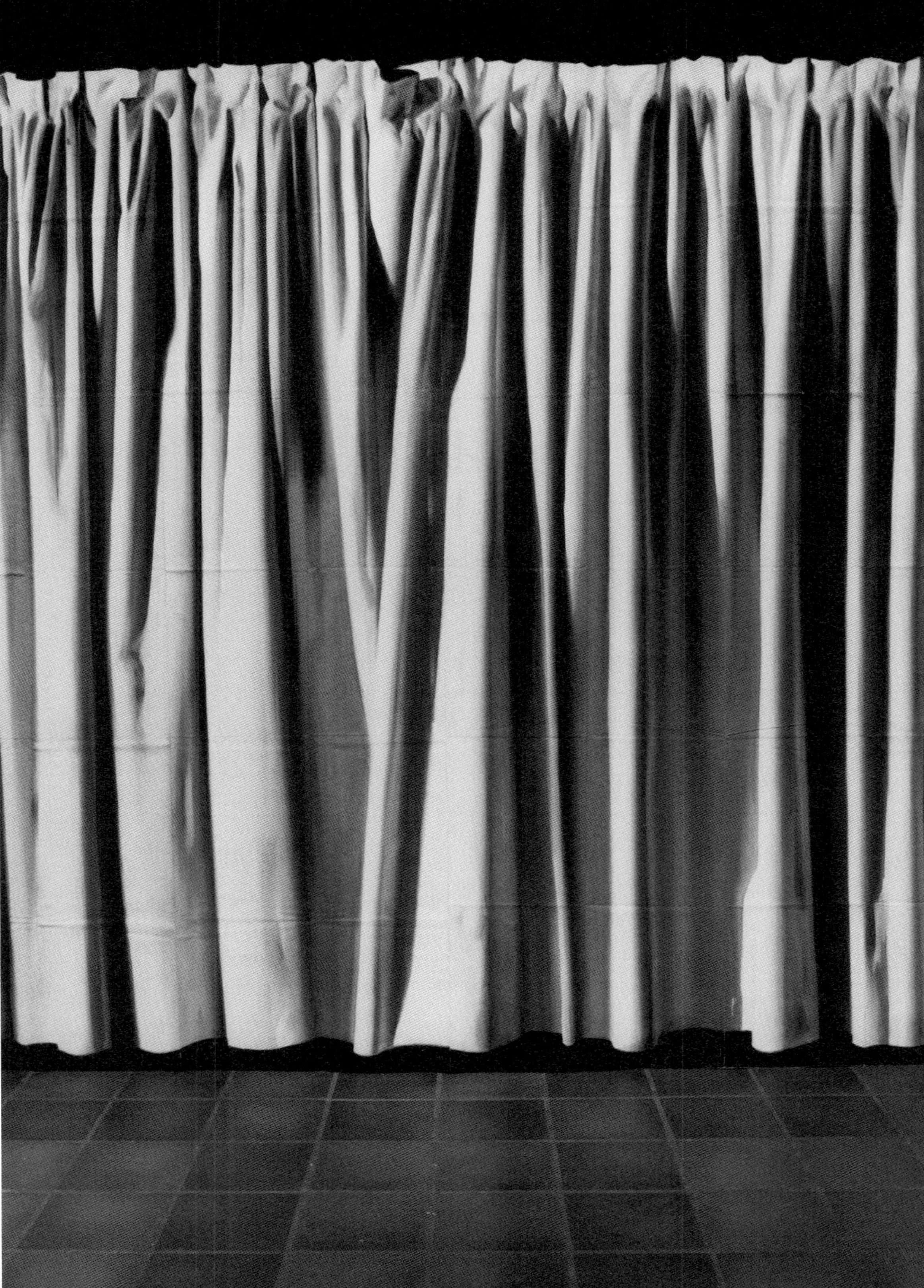

Halvcirkel, 1997
Skulpturgruppe, 12 figurer
Polyester-formstof, bemalet
Variable mål
Louisiana Museum for moderne kunst, 2000

Half Circle, 1997
Sculpture group, 12 figures
Polyester resin material, painted
Varying dimensions
Louisiana Museum of Modern Art, 2000

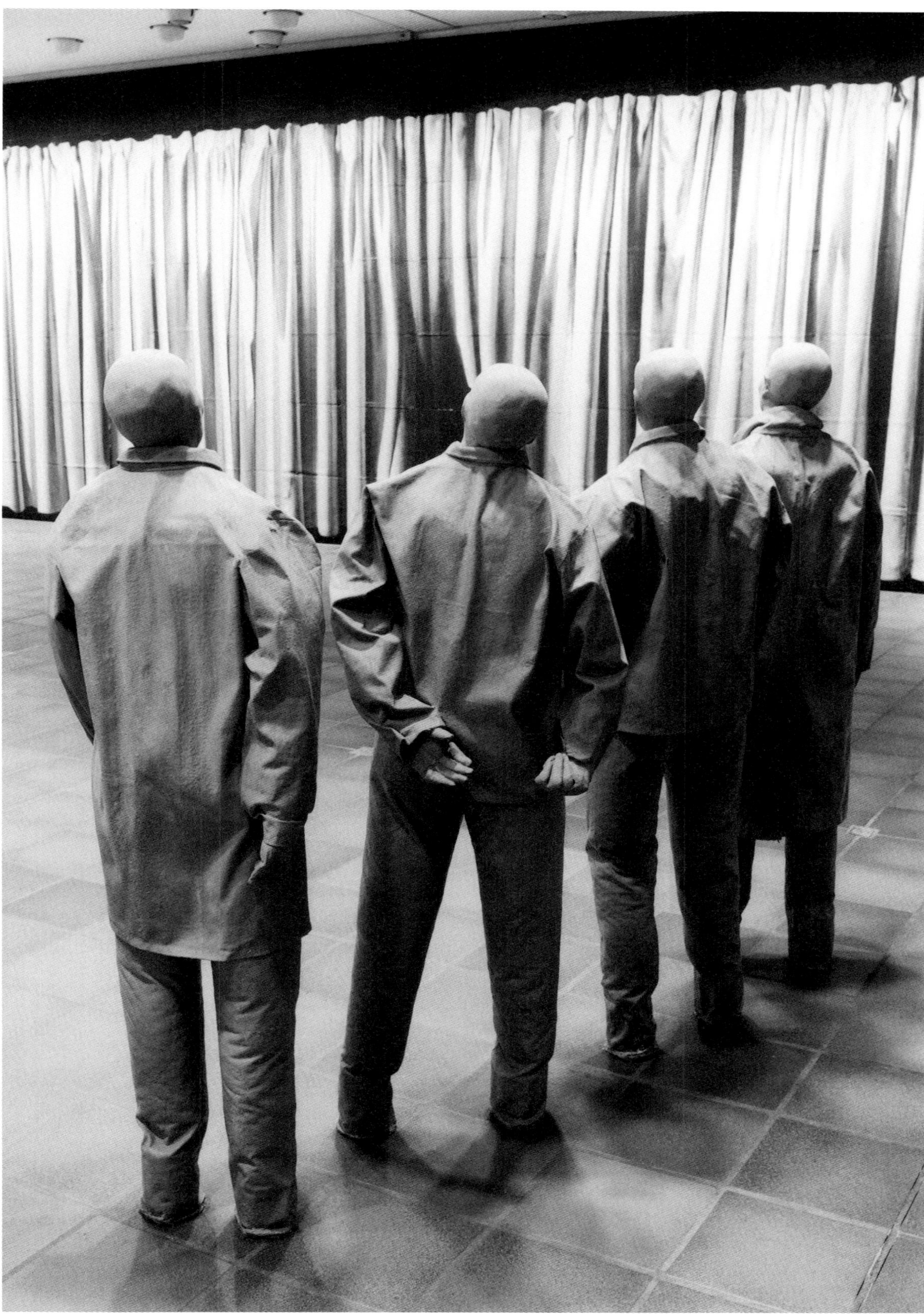

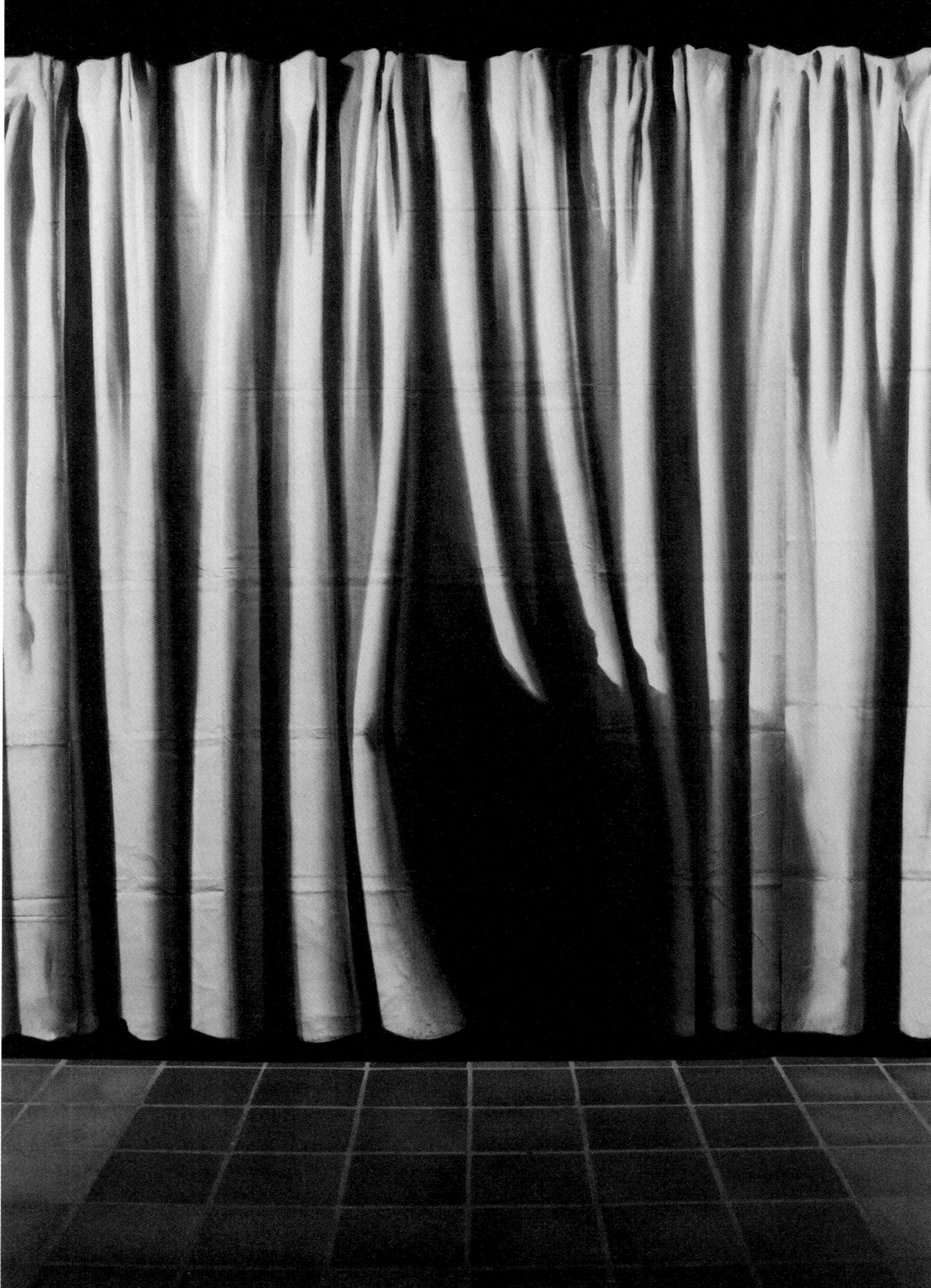

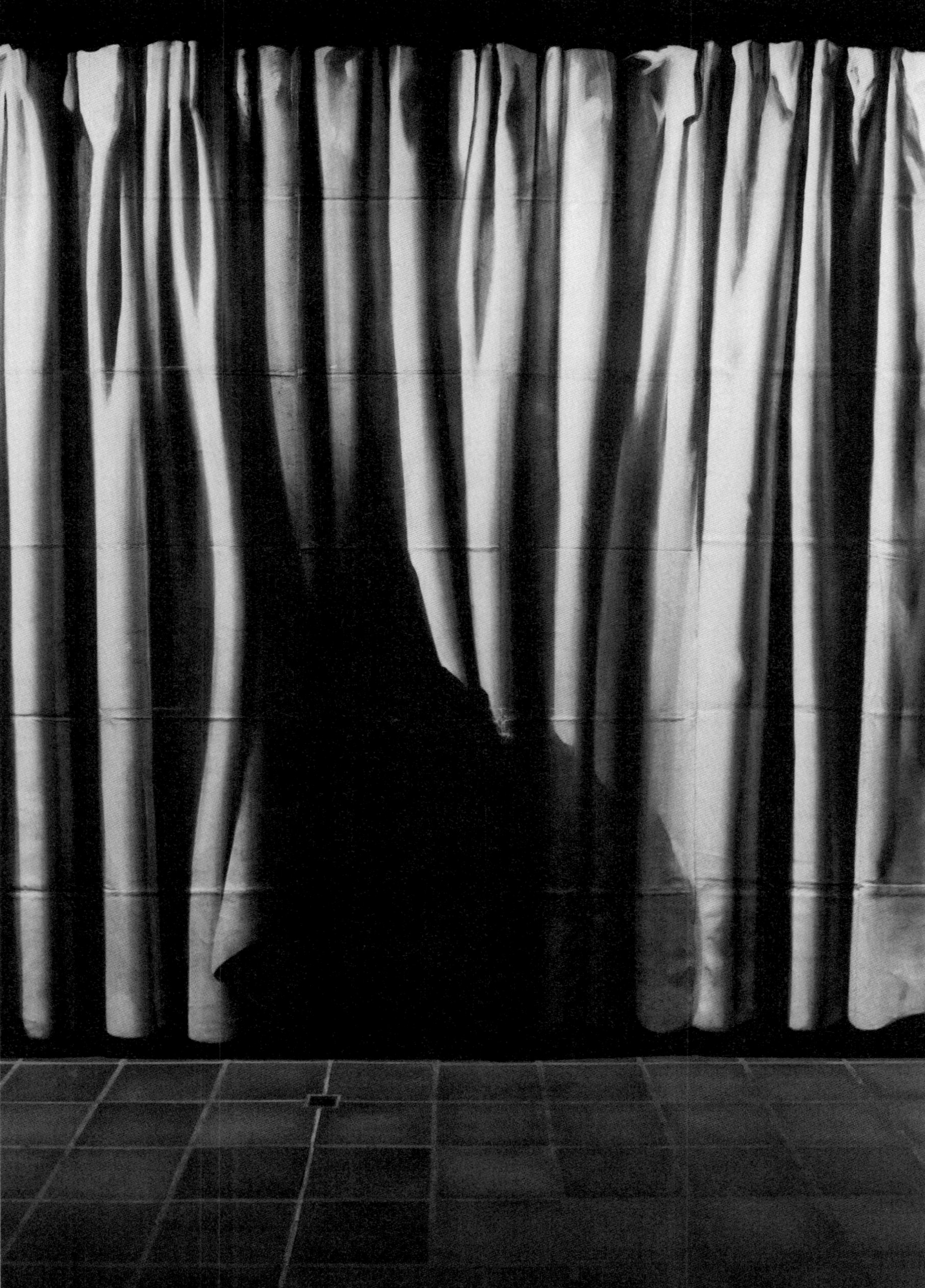

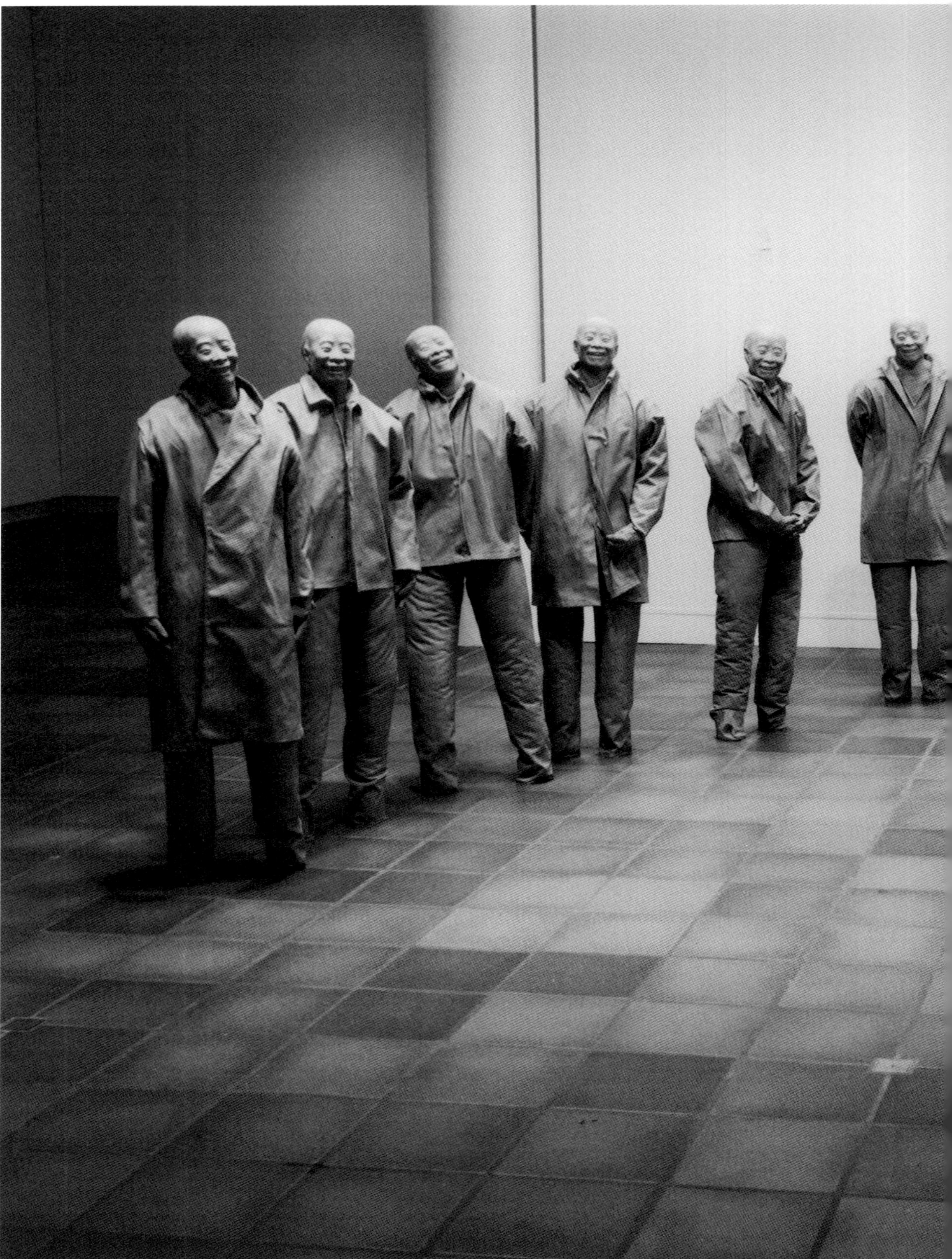

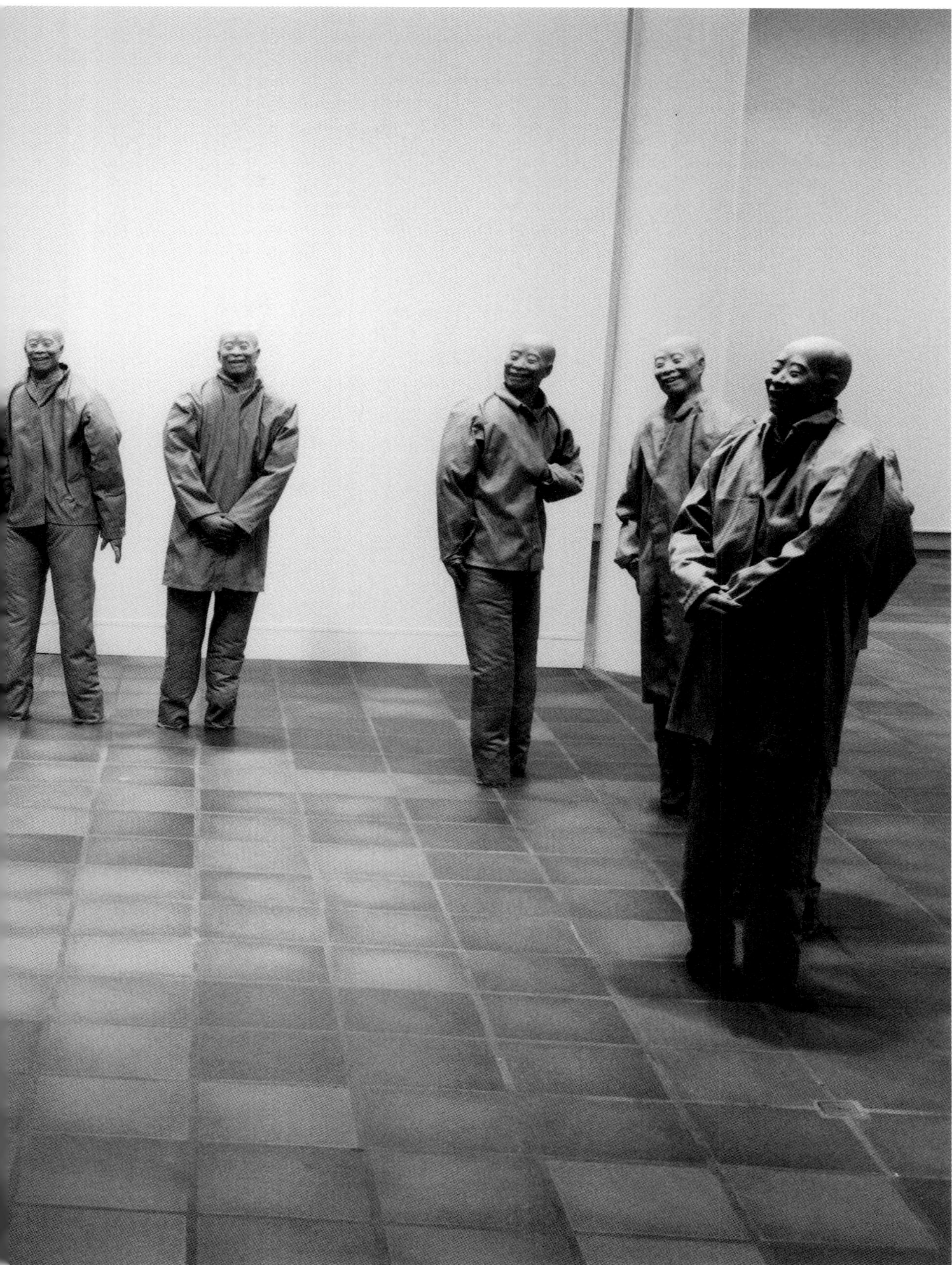

Neals sidste ord, 1997
Polyester-formstof, bemalet, silikone, motor og spejl
Variable mål
Louisiana Museum for moderne kunst, 2000

Neal's Last Words, 1997
Polyester resin material, painted, silicone, motor and mirror
Varying dimensions
Louisiana Museum of Modern Art, 2000

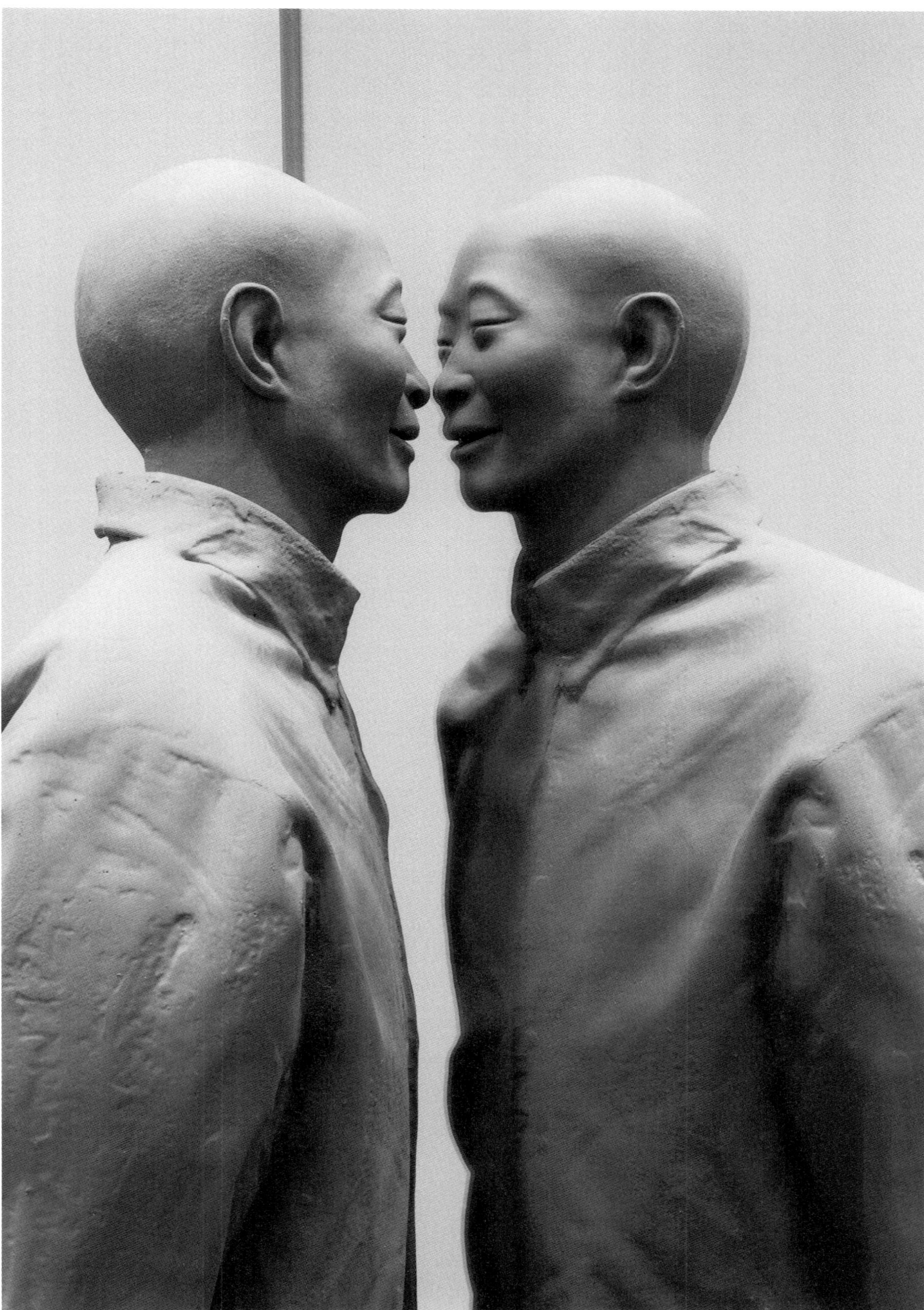

Mange gange, 1999
Skulpturinstallation, 100 figurer
Polyester-formstof, bemalet
Variable mål
Louisiana Museum for moderne kunst, 2000

Many Times, 1999
Sculpture installation, 100 figures
Polyester resin material, painted
Varying dimensions
Louisiana Museum of Modern Art, 2000

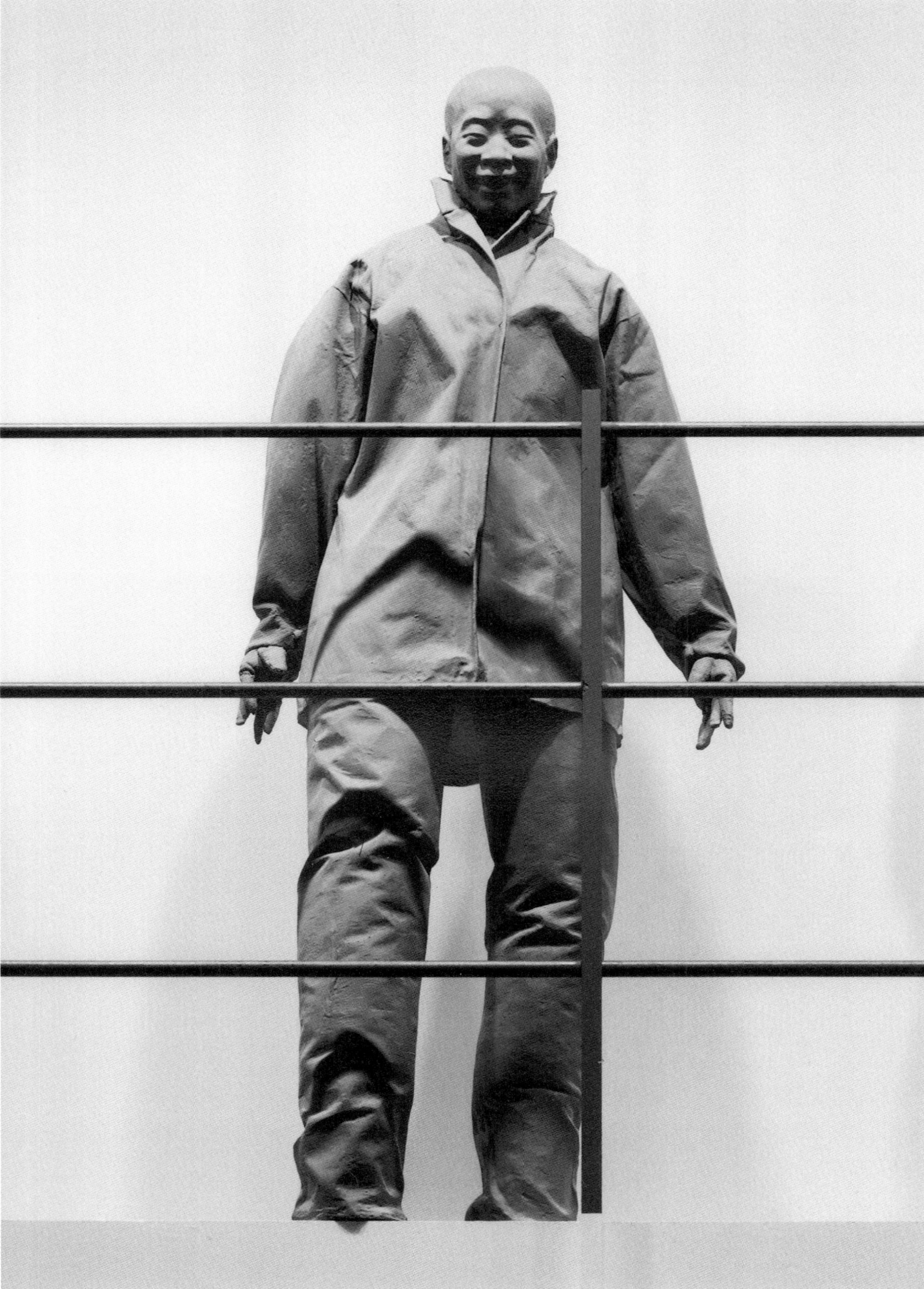

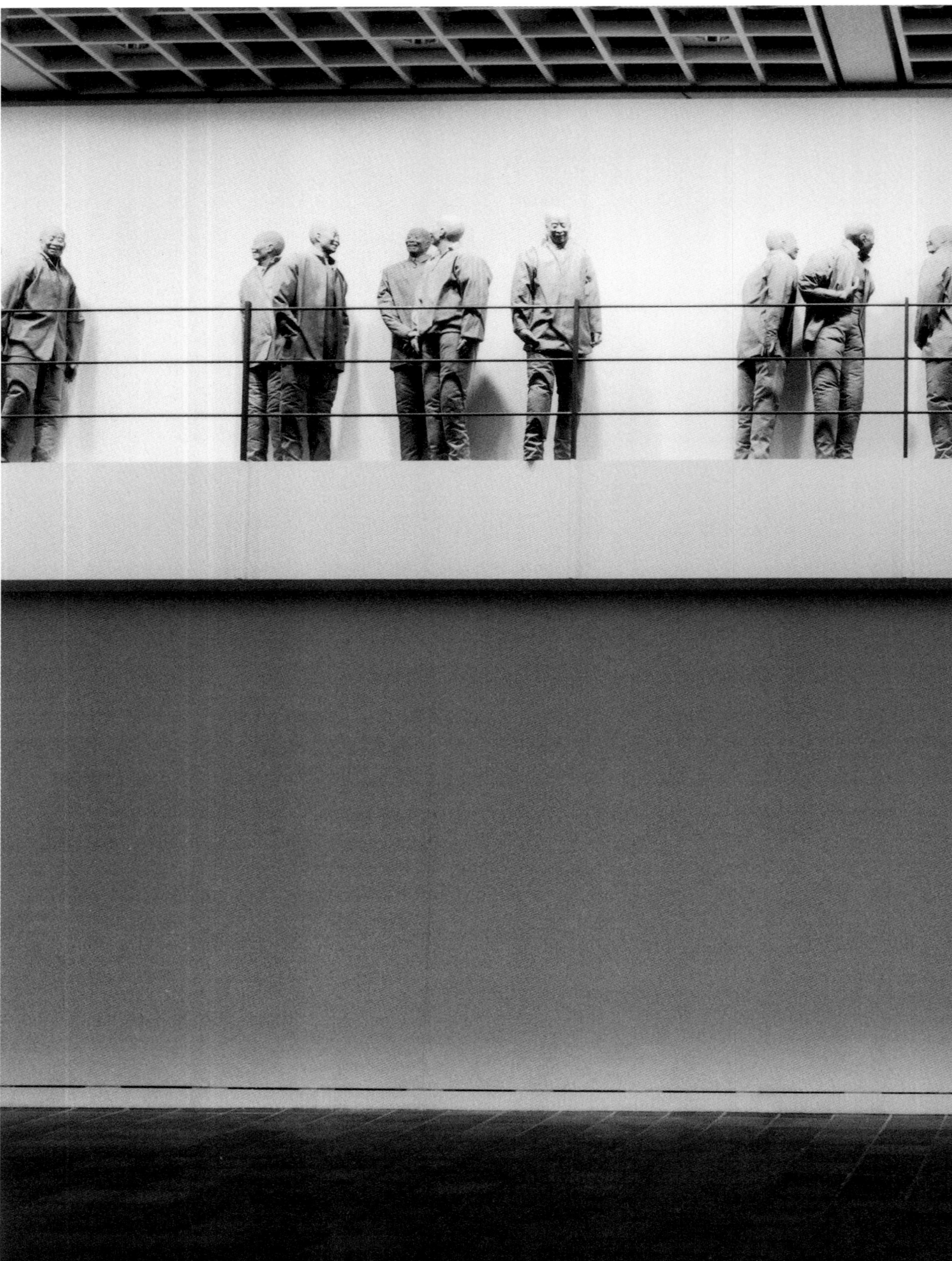

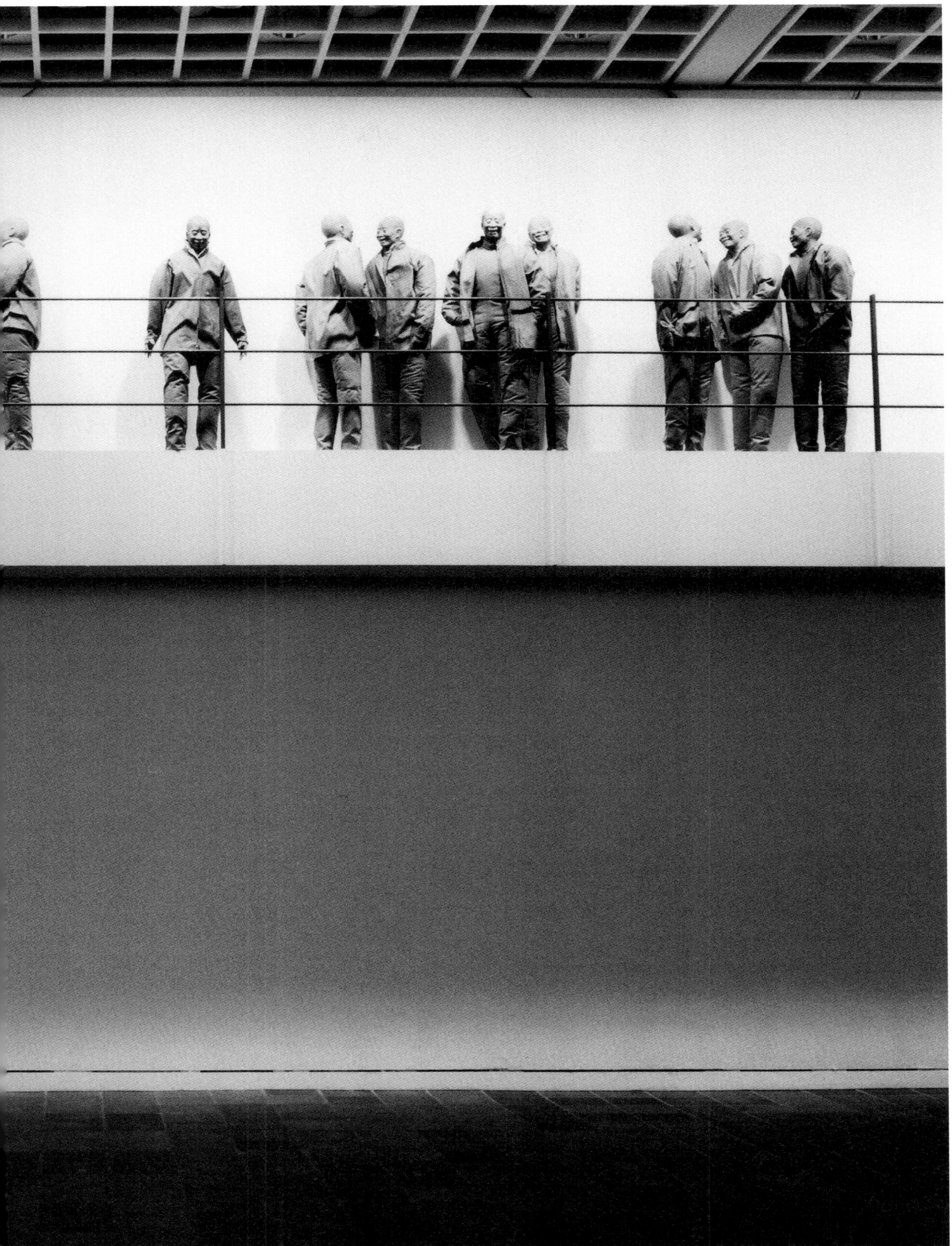

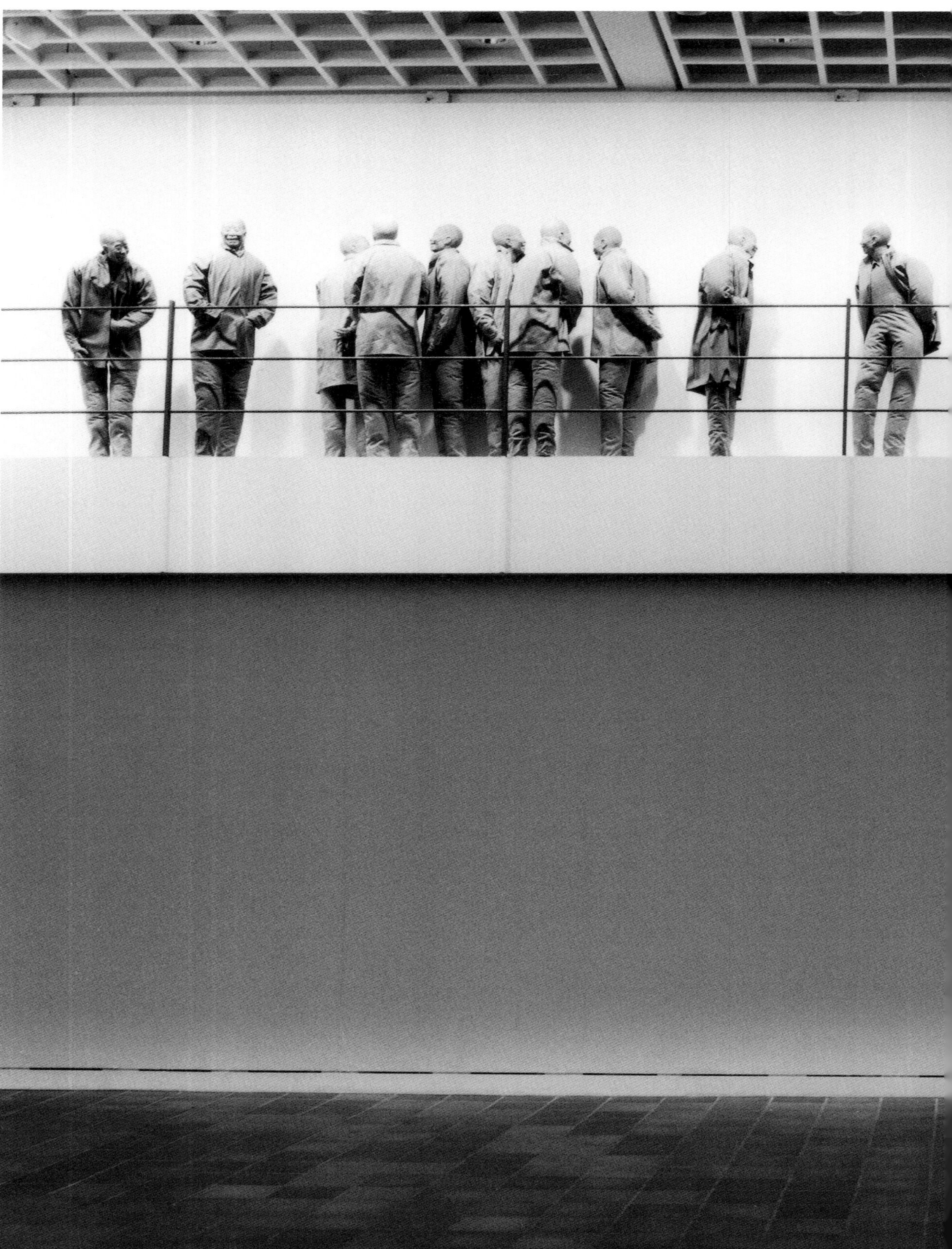

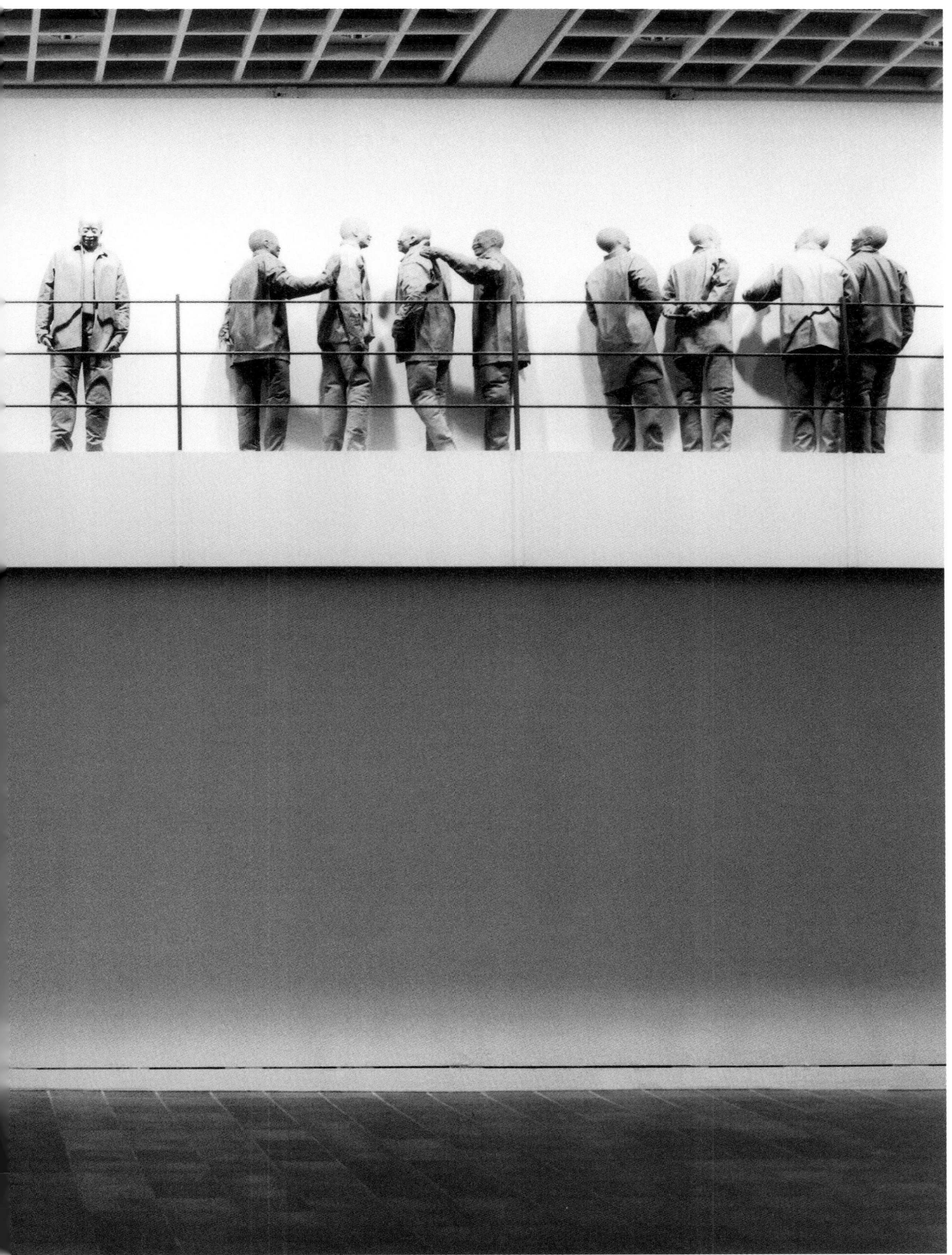

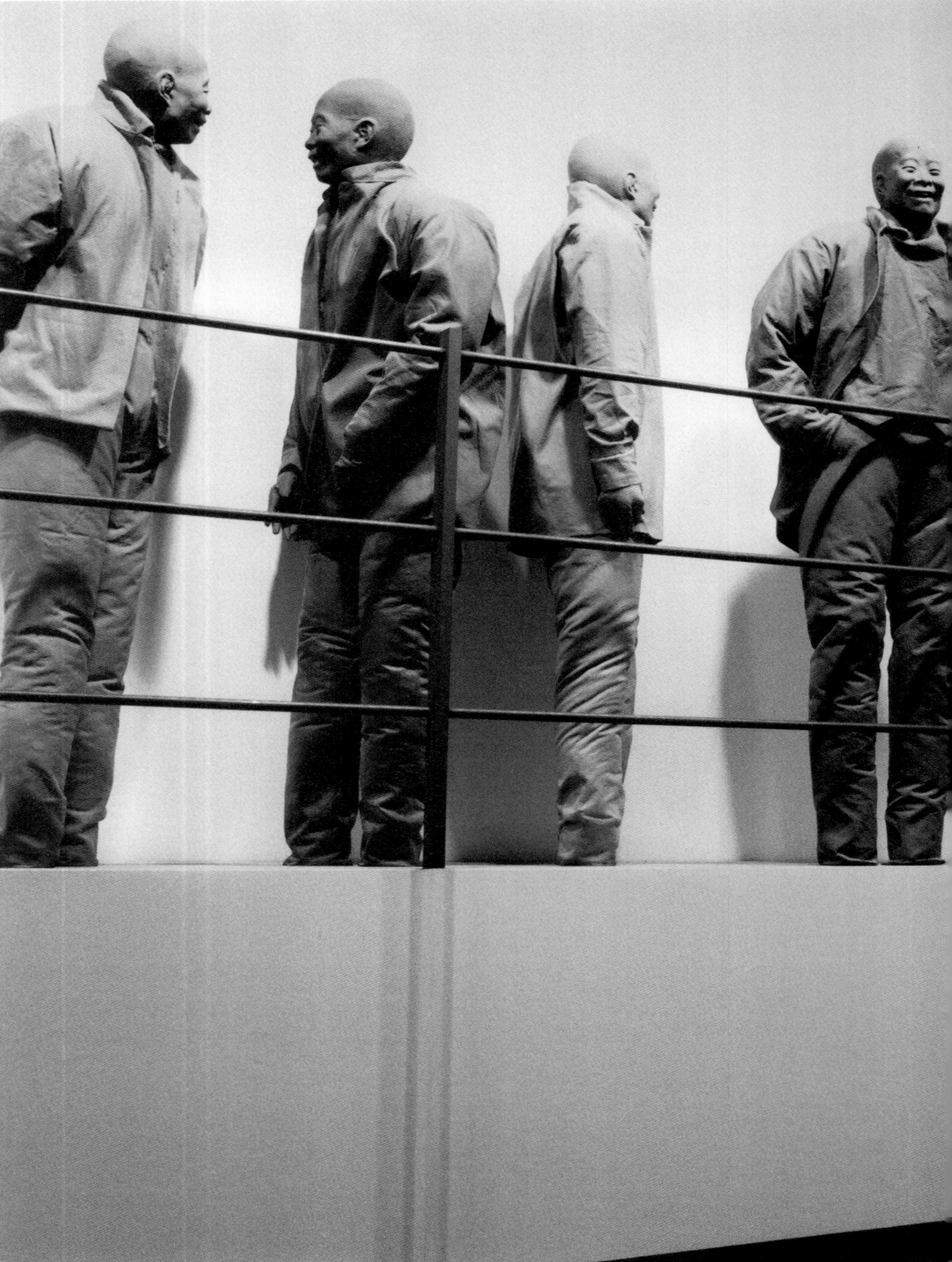

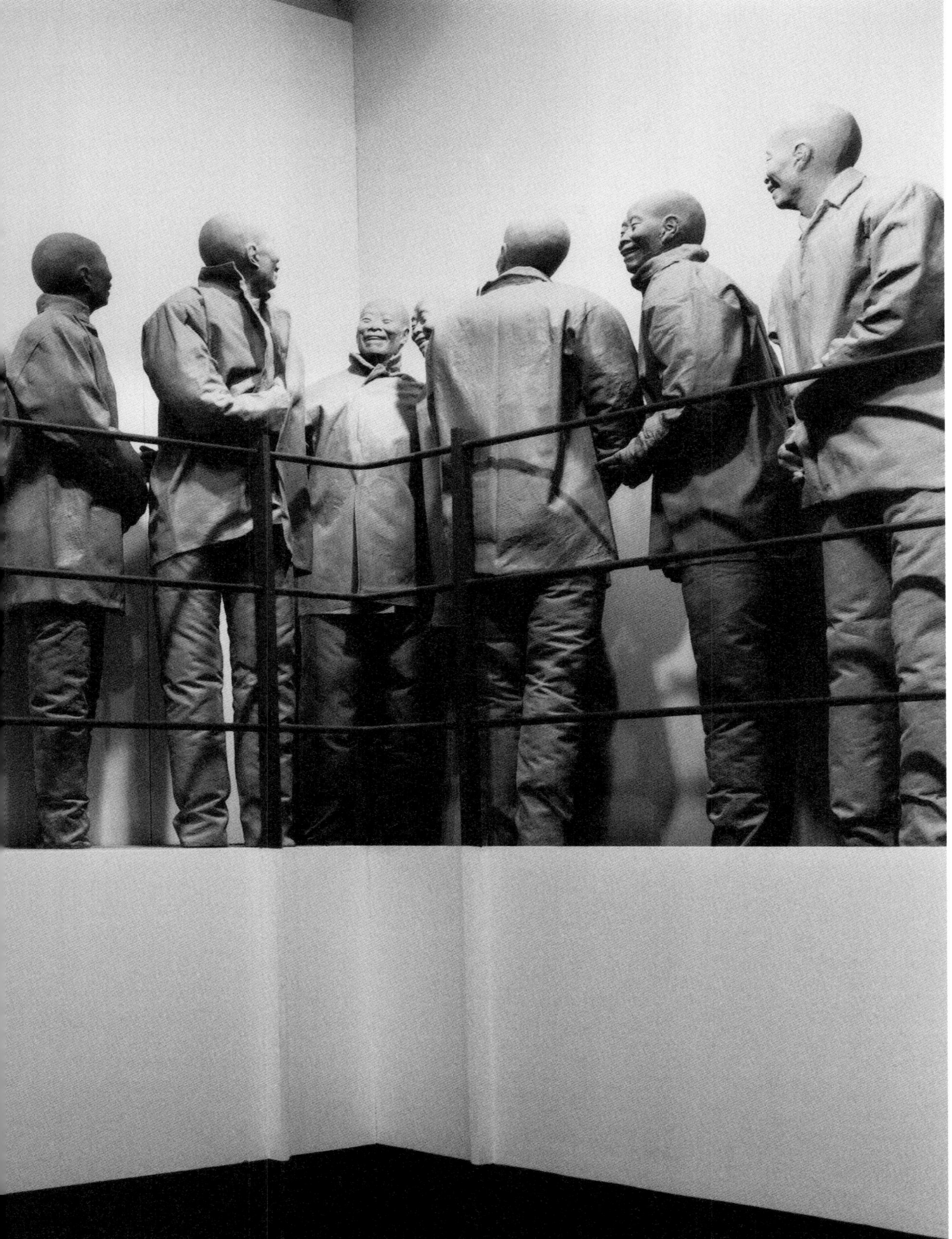

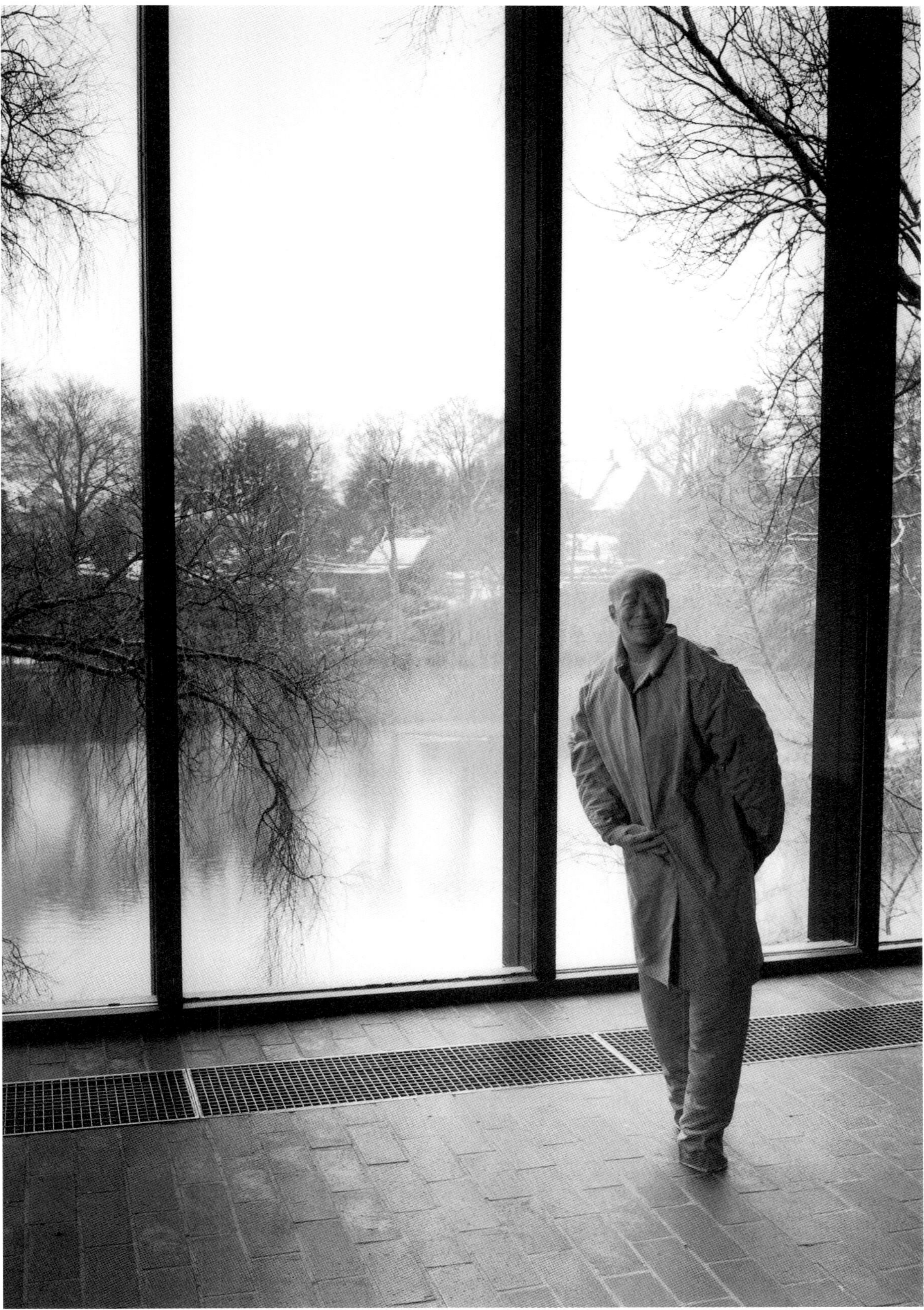

JUAN MUÑOZ

Født 1953 i Madrid / Born 1953 in Madrid

UDVALGTE SEPARATUDSTILLINGER
A SELECTION OF RECENT SOLO EXHIBITIONS

1990

Segment, The Renaissance Society, Chicago; Centre d'Art Contemporain, Genève/Geneva.

Arnolfini Gallery, Bristol.

1991

Arbeiten 1988 bis 1990, Museum Haus Lange, Krefeld.

Marian Goodman Gallery, New York.

Stedelijk Van Abbemuseum, Eindhoven.

Galerie Ghislaine Hussenot, Paris.

1992

Conversaciones, IVAM, Centro del Carmen, Valencia.

Drawings and Prints, Frith Street Gallery, London.

1993

Galerie Jean Bernier, Athen/Athens.

Lisson Gallery, London.

Galerie Konrad Fischer, Düsseldorf.

1994

Carée d'Art, Musée d'Art Contemporain, Nîmes.

Sculpture, Drawings and Installation, The Irish Museum of Contemporary Art, Dublin.

1995

A Portrait of a Turkish Man Drawing, Isabella Stuart Gardner Museum, Boston.

Centro Galego de Arte Contemporáneo, Santiago de Compostela.

Kunstverein Hamburg, Hamburg.

1996

Monólogos y diálogos, Palacio de Velázquez, Museo Nacional Centro de Arte Reina Sofía, Madrid; Museum für Gegenwartskunst, Zürich.

A Place Called Abroad, DIA Center for the Arts, New York.

1997

Directions, Hirshhorn Museum and Sculpture Garden, Washington DC.

Galleria Continua, San Gimignano.

1998

Streetwise, Site Santa Fe, New Mexico.

1999

Marian Goodman Gallery, New York.

A brief description of my death, Bernier & Eliades Gallery, Athen/Athens.

UDVALGTE GRUPPEUDSTILLINGER
A SELECTION OF RECENT GROUP EXHIBITIONS

1990

The Readymade Boomerang: Certain Relations in 20th Century Art, Art Gallery of New South Wales.

X Salon de los 16, Museo Español de Arte Contemporáneo, Madrid.

Possible Worlds, Sculpture from Europe, Serpentine Gallery, Institute of Contemporary Arts, London.

The Sydney Biennale, Sydney.

1991

Metropolis: International Art Exhibition, Martin-Gropius-Bau, Berlin.

TransMission: Art in Intercultural Limbo, Rooseum, Malmö.

Skulpturen für Krefeld 2, Krefelder Kunstmuseum, Krefeld.

Carnegie International 1991, The Carnegie Museum of Art, Pittsburgh, Pennsylvania.

In anderen Räumen, Museum Haus Esters & Museum Haus Lange, Krefeld.

1992

Tisina/Silence: Contradictory Shapes of Truth, Moderna Galerija, Ljubljana.

Documenta 9, Kassel.

Jahresgaben '92, Kunstverein Düsseldorf, Düsseldorf.

La colección del IVAM. Aquisiciones 1985-1992. IVAM, Centre Julio González, Valencia.

9th Biennale of Sydney: The Boundary Rider, Sydney.

1993

Doubletake: Collective Memory and Current Art, Kunsthalle Wien, Wien/Vienna; Hayward Gallery, London.

JuxtaPosition, Charlottenborg, København/Copenhagen.

Sonsbeek 93, Arnhem.

45th Venice Biennale, Art against AIDS Venezia: Drawing the Line Against AIDS, Peggy Guggenheim Museum, Venedig/Venice.

New Sculptures, Antwerp 93 and The Open Air Museum of Sculpture, Middelheim, Antwerpen/Antwerp.

1994

The Little House on the Prairie, Marc Jancou Gallery, London.

Welt-Moral: Moralvorstellungen in der Kunst heute, Kunsthalle, Basel.

"Même si c'est la nuit", capc Musée d'Art Contemporain, Bordeaux.

Drawings, Frith Street Gallery, London.

Castello di Rivoli, Torino/Turin.

1995

Ars 95 Helsinki, Yksityinen/Julkinen, Nykytaiteen Museo, Helsinki.

L'Escultura. Creacions Parallelles. Metáfores del Real, Museo de Arte Contemporani, Barcelona.

Artistes/Architectes, Le Nouveau Musée, Institut d'Art Contemporain, Villeurbanne.

Trust, Tramway, Glasgow.

1996

Collezioni di Francia: le opere dei Fondi Regionali d'Arte Contemporanea, Castello di Rivoli, Torino/Turin.

Marks: Artists work throughout Jerusalem, The Israel Museum, Jerusalem.

Museo d'Arte Contemporanea, Torino/Turin.

City Space 1996, København/Copenhagen.

Bloom Gallery, Amsterdam.

1997

Hip, Museum für Gegenwartskunst, Zürich.

1: La Collection de la Fondation Cartier pour l'Art Contemporain, Fondation Cartier, Paris.

L'Autre: 4e Biennale d'Art Contemporain de Lyon, Lyon.

La Biennale di Venezia, Venedig/Venice.

Margo Leavin Gallery, Los Angeles.

Tableaux, Contemporary Arts Museum, Houston, Texas.

1998

Voice Over: Sound and Vision in Current Art, Arnolfini Gallery, Bristol; Hatton Gallery, Newcastle; Nottingham Castle Museum and Art Gallery, Nottingham.

Wounds Between Democracy and Redemption in Contemporary Art, Moderna Museet, Stockholm.

Dibujos Germinales, Museo Nacional Centro de Arte Reina Sofía, Madrid.

Breaking Ground, Marian Goodman Gallery, New York.

1999

North-South. Transcultural Visions, Mediterranean Foundation and the National Museum, Warszawa/Warsaw.

6th Istanbul Biennale, Istanbul.

Trace, Liverpool Biennale of Contemporary Art, Liverpool.

Life Cycles, Galerie für Zeitgenössische Kunst, Leipzig.

C/O Haus Lange-Haus Esters 1984-99, Krefelder Kunstmuseum, Krefeld.

Zeit wenden ausblick, Kunstmuseum Bonn, Bonn; Museum Moderner Kunst Stiftung Ludwig, Wien/Vienna.

2000

Over the edges. S.M.A.K., Gent/Ghent.

The Sydney Biennale, Sydney.